*Johanna die Wahnsinnige –
geisteskrank und nekrophil?*

Bildnachweis

Bild 1
Johanna die Wahnsinnige (1479 - 1555)
Königin von Kastilien und Gemahlin von Philipp dem Schönen.
Porträtgemälde von Juan de Flandes.
Orig.: Castagnola/Lugano, Slg. Thyssen.
© Bildarchiv Preussischer Kulturbesitz, Berlin 2000

Bild 2
Johanna die Wahnsinnige (1479 - 1555)
Königin von Kastilien, Gattin Philipps des Schönen.
Anonymes Porträtgemälde. Original: Triest, Schloß Miramare. Foto: Alfredo Dagli Orti, 1993
© Bildarchiv Preussischer Kulturbesitz, Berlin 2000

Bild 3
Philipp I., der Schöne (1478 - 1506)
König von Kastilien, Sohn Kaiser Maximilians I.
Philipp der Schöne und seine Gattin Johanna die Wahnsinnige.
Porträts vom Meister der Abtei von Afflighem, um 1505.
Original: Brüssel, Königliches Museum der Schönen Künste
© Bildarchiv Preussischer Kulturbesitz, Berlin 2000

Bild 4
Maximilian I. (1459 - 1519)
Römisch-deutscher Kaiser (1493 - 1519)
Maria von Burgund und den Söhnen Philipp, Ferdinand, Karl und Ludwig. Gemälde von Bernhard Strigel, um 1500. Original: Madrid, Accademia Real de San Fernando. Foto: Alfredo Dagli Orti, 1990
© Bildarchiv Preussischer Kulturbesitz, Berlin 2000

Harald Neumann

Johanna die Wahnsinnige – geisteskrank und nekrophil?

3., überarb. Auflage

Verlag Wissenschaft & Praxis

Die Deutsche Bibliothek – CIP-Einheitsaufnahme

Neumann, Harald:
Johanna die Wahnsinnige – geisteskrank und nekrophil? /
Harald Neumann. – 3., überarb. Aufl. – Sternenfels :
Verl. Wiss. und Praxis, 2000
    ISBN 3-89673-090-8

Die 1. und 2. Auflage sind im Verlag Hans-Alfred Herchen,
Frankfurt a. M. erschienen.

ISBN 3-89673-090-8

© Verlag Wissenschaft & Praxis
Dr. Brauner GmbH 2000
Nußbaumweg 6, D-75447 Sternenfels
Tel. 07045/930093 Fax 07045/930094

Alle Rechte vorbehalten

Das Werk einschließlich aller seiner Teile ist urheberrechtlich geschützt. Jede Verwertung außerhalb der engen Grenzen des Urheberrechtsgesetzes ist ohne Zustimmung des Verlages unzulässig und strafbar. Das gilt insbesondere für Vervielfältigungen, Übersetzungen, Mikroverfilmungen und die Einspeicherung und Verarbeitung in elektronischen Systemen.

Printed in Germany

Inhalt

Vorwort   *7*

1. *Nekrophilie in der wissenschaftlichen Literatur –*
   ein Überblick   *9*

2. *Johanna die Wahnsinnige,*
   Königin von Kastilien, Aragonien und Leon,
   Mutter des deutschen Kaisers Karl V. –
   geisteskrank und nekrophil ?   *29*

3. *Exkurs:*
   Eigene Erfahrungen mit einem
   nekrophilen Patienten   *103*

Glossar   *127*

Vorwort

Johanna die Wahnsinnige (span. Juana la Loca) wurde am 6. November 1479 in Toledo als Tochter Ferdinands II. von Aragonien und Isabellas I. von Kastilien geboren. Sie heiratete 1496 Philipp den Schönen von Burgund. Johanna ist die Mutter des deutschen Kaisers Karl V. Es wurde vermutet, daß der frühe Tod von Johannas Gemahl im Jahre 1506 ihre Geisteskrankheit auslöste. Bis zu ihrem Tod am 12. April 1555 in Tordesillas blieb sie Königin von Kastilien, Aragonien und Leon.

Das vorliegende Buch beschäftigt sich mit der Frage, ob Johanna die Wahnsinnige geisteskrank und nekrophil war. Um hierauf eine schlüssige Antwort zu finden, fließen vielfältige psychiatrische, soziale und historische Erkenntnisse in die Untersuchung mit ein.

Vor der eigentlichen Abhandlung erfolgt ein kurzer historischer Überblick über Nekrophilie in der (wissenschaftlichen) Literatur.

Zum Schluß werden in einem kleinen Exkurs die Erfahrungen des Autors als Psychiater mit einem psychisch kranken Patienten mit nekrophiler Neigung geschildert.

Ein Glossar mit den wichtigsten Fachtermini befindet sich am Ende des Buches.

Juni 2000   *Dr. med. Dr. phil. Harald Neumann*

1. Nekrophilie in der wissenschaftlichen Literatur – ein Überblick

Nach Spoerri[1] ist die echte Nekrophilie, also in engerem Sinne, ein eindeutig auf einen toten Körper ausgerichtetes geschlechtliches Verhalten.

Die Nekrophilie als eine spezielle sexuelle Befriedigung an Leichen wird zwar in den meisten Lehrbüchern der Psychiatrie aufgeführt, kommt jedoch so selten vor, daß Spoerri in seiner Studie „Nekrophilie" aus der Weltliteratur nur 47 Fälle zusammenstellen konnte.

Abgesehen von einem Fall, den Witter im „Handbuch der forensischen Psychiatrie" kurz erwähnte, jedoch nicht veröffentlichte, fand der Referent im Schrifttum, soweit dies im „Zentralblatt" erfaßt wird, keine weitere Darstellung eines Falles von Nekrophilie nach dieser 1959 erschienenen Abhandlung Spoerris.

Es ist aufschlußreich, die Erläuterungen zum Begriff der Nekrophilie im Laufe der Jahrzehnte zu verfolgen: v. Krafft-Ebing wird als Schöpfer dieses Begriffes in der Literatur angeführt, z.B. bei Peters[2].

Geistesgeschichtlich gesehen ist Richard Freiherr von Krafft-Ebing (geboren am 14.8.1840 in Mannheim, verstorben als Emeritus-Direktor der Nervenklinik in Straßburg, Graz, Wien – am 22.12.1902 in Mariagrün bei Graz) geprägt worden von seinen psychiatrischen Erfahrungen in der damals hochangesehenen badischen Heil- und Pflegeanstalt Illenau/Achern und von den Anschauungen der sogenannten französischen Degenerationsforscher. Schon während seines Physikums und des medizinischen Staatsexamens in Karlsruhe war v. Krafft-Ebing mit Heinrich Schüle (1840-1916) zusammen, mit dem ihn eine lebenslange Freundschaft verband. Schüle wurde der dritte Direktor von 1890 bis zu seinem Tod 1916[3] in der Illenau. Er hat sein Handbuch der Geisteskrankheiten, das einzig auf Beobachtungen in der Illenau und Lektüre beruhte, seinem Freund Richard von Krafft-Ebing zugeeignet[4]. In Berlin lernte Krafft-Ebing 1863 Griesinger kennen, der ihn wahrscheinlich für die Psychiatrie begeisterte. Er arbeitete als Volontärarzt von 1864-1868 in der Illenau. Der damalige Direktor Dr. Roller, dessen vielschichtige und widersprüchliche Persönlichkeit Middelhoff aufzuzeigen versuchte[5] war der Freund seines Großvaters mütterlicherseits, des damals berühmten Heidelberger Juristen und Strafrechtslehrers K. J. A. Mittermaier. Schüle und v. Krafft-Ebing verwirklichten nach schweren Auseinandersetzungen mit Roller auch in der Illenau 1867 des No-Restraint System.

Im folgenden Jahr setzte sich jedoch v. Krafft-Ebing aus der Illenau ab, obwohl er bis dahin schon eine Reihe von Studien veröffentlicht hatte, z.B. „Zur Erkenntnis zweifelhafter Seelenzustände" (1867), worin er den Begriff „Zwangsvorstellungen" prägte. Er hat diesen Begriff später zur Erklärung von Psychosen und Neurosen weiter entwickelt. Nach Einsatz als Feldarzt im Krieg 1870/71 kehrte er in seine Praxis nach Baden-Baden zurück, strebte jedoch eine klinische Forscher- und Lehrtätigkeit an; man berief ihn im Mai 1872 als Direktor der damals eröffneten Psychiatrischen Klinik in Straßburg. Obwohl v. Krafft-Ebing sich hiermit schon in schroffen Gegensatz zu seinem Lehrmeister Roller/Illenau setzte, der sich mit zunehmender Schärfe gegen die Einrichtung von Psychiatrischen Universitäts-Kliniken wehrte, somit – nach Middelhoff – den Bau der badischen Irrenkliniken um zwei Jahrzehnte verzögerte, war v. Krafft-Ebing geprägt worden von seinen Lehrjahren in der Illenau. Allerdings modifizierte er die dortigen Anschauungen nach eigener Erfahrung; er konnte sein Lehrbuch der Psychiatrie in sieben Auflagen selbst betreuen.

Ferner war v. Krafft-Ebing ein Anhänger der erbtheoretischen Anschauungen französischer Psychiater. Diese sogenannte Degenerationshypothese schien endlich eine ätiologische statt einer symptomatischen Klassifikation der Geisteskrankheiten zu erlauben. Ihr Schöpfer war der in Wien von französischen Eltern geborene Bencdict Augustin Morel (1809-1873), der zunächst theologisch ausgebildet später zur Medizin hinüberwechselte. Wenn für die älteren Naturalisten wie Buffon und Blumenbach die Degeneration das gleiche bedeutete wie Variation, faßte der fromme Katholik Morel die Degeneration als krankhafte Abweichung vom normalen menschlichen Typ auf, erblich übertragbar und sich progressiv bis zum Untergang entwickelnd. Das sogenannte Morel'sche Gesetz besagt somit, daß körperliche und moralische Übel in doppeltem Sinne vererbt werden; ferner läge eine Progression der Entartung eines Geschlechtes bis zum Aussterben vor.

So werden für Morel Entartete und Geisteskranke identisch. Unter die seiner Auffassung nach entsetzlichste Gruppe der entarteten Geisteskranken rechnet er die Träger der sogenannten sexuellen Perversionen (er benutzte diesen Begriff) und nennt Satyriasis, Nymphomanie, aber auch Nekrophilie[6]).

Als im deutschen Sprachraum bedeutendster Entartungstheoretiker hat v. Krafft-Ebing die sexuellen Perversionen 1886 aus seinem Lehrbuch der Psychiatrie herausgenommen und in einer eigenen Darstellung:

„Psychopathia sexualis" erscheinen lassen. Für ihn ist die Masturbation (er verwendet nicht das Wort Onanie) die Ursache der wesentlichen Geisteskrankheiten bei einer individuellen Belastung.

Freudianer streng orthodoxer Ausrichtung pflegen heute noch Richard v. Krafft-Ebing an seiner Bemerkung zu messen, die er damals nach dem Ende des Vortrages Freuds Ende April 1896 vor dem psychiatrischen Verein in Wien gab – Freud selbst äußerte sich, sein Vortrag über die Ätiologie der Hysterie habe eine eisige Aufnahme gefunden und v. Krafft-Ebing habe die seltsame Beurteilung abgegeben: „Es klingt wie ein wissenschaftliches Märchen." Der Conquistador Freud (in einem Brief an die Braut: „Ich bin nichts als ein Conquistadorentemperament") übersah bei seinen revolutionären Deutungen die auch hier gegebene Zeitgebundenheit seines Gegenspielers v. Krafft-Ebing. Dabei hat ja Freud immer die Rolle eines absoluten Herrschers gespielt, der nicht die geringste Abweichung von seiner Lehre gestattete, aber auch – dies heute gesehen – zwar am Schlaf der Welt gerührt hat, aber deren Schlaflosigkeit bis heute nicht – durch seine Schüler und Anhänger – kurieren konnte.

Dieser Degenerationshypothese hing sogar auf manchen Strecken Kraepelin an, der sich erst nach und nach davon löste, vor allem, als Konrad Rieger (1855-1939) sich 1892 erstmalig dagegen in einer für ihn charakteristischen, überaus sarkastischen Polemik wandte[7]. Allerdings: Wenn Rieger einen Studenten schildert, der seit Jahren Alkohol in sich „hineinschütte" (Rieger vermeidet wegen der drastischen Wirkung das Wort „trinken"), um die Schadlosigkeit dieses Alkoholkonsums zu untermauern, so ist Rieger über sein Ziel hinausgeschossen; Kraepelin hatte einem starken Alkoholgenuß keimschädigende Wirkung zugesprochen, wenn er auch später unter dem Einfluß der Studien von Bonhoeffer und Rüdin seine schroffe Auffassung milderte oder fast aufgab – nicht jedoch in seinem persönlichen Bereich; er blieb ein unerbittlicher Alkoholgegner; seine Tochter Toni Schmidt-Kraepelin hat dies uns gegenüber immer wieder unterstrichen. Aber auch Forel und Bleuler blieben entschiedene Abstinenzler. Wenn Forel zwar den Faktor der Vererbung einer angeborenen Veranlagung für Geisteskrankheit anerkannte, dann vergaß er niemals, auf den Moment der toxischen Keimschädigung hinzuweisen; er prägte dafür den Begriff Blastophthorie: es könne also trotz guter Erbanlagen der Keim so geschädigt werden, daß der Nachkomme geistig entarte, somit geisteskrank werde. Als keimschädigendes Gift schlechthin stand für ihn der Alkohol fest, dann aber auch die Geschlechtskrankheiten. Wenn sich Forel vor allem in der Schweiz an die Spitze der Propaganda gegen den Alkohol stellte (er führte dort den Guttemplerorden ein), so zog er wie ein alttestamentarischer Prophet mit Karten, Tabellen und Zeichnungen von Stadt zu Stadt und hielt seine Vorträge.

Wie tief und weit diese Anschauungen über alkoholistische Keimschädigungen damals verbreitet waren zeigt folgendes Beispiel:

Billroth war ein entschiedener Gegner des Rauchens, aber auch des Alkoholmißbrauchs; denn es dürfe nicht Wunder nehmen, daß die Nachkommenschaft der alkoholisierten und nikotinisierten höheren Gesellschaft immer „nervenschwächer" werde. Die für Billroth zweifelsohne „kollosale Zunahme der Nerven- und Geisteskrankheiten" in seiner Zeit stehen zweifellos unter anderem auch „mit dem zur Gewohnheit gewordenen Alkohol- und Tabakgenuß" in Verbindung[8].

Daß aber bei schweren Trinkern Keimschädigungen vorkommen, somit also doch um eine Ecke herum die Auffassungen der Degenerationstheoretiker wieder in die wissenschaftliche Diskussion und ins Schrifttum hereinkommen, ist aufgrund französischer und später US-amerikanischer Publikationen über die Embryopathia alcoholica gezeigt worden: Mütter, die über ein bestimmtes Quantum trinken, bringen mehr oder minder mißgebildete Kinder zur Welt (= Alkohol-Embryo-Fetopathie = Embryopathia alcoholica = Alkoholembryopathie).

P. Lemoine und Mitarbeiter zeigten dies bereits 1968 bei 127 Kindern von 68 schwer alkoholsüchtigen Müttern[9]. Da europäisches Schrifttum in den USA kaum gelesen wird, wurde die Embryopathia alcoholica „neu" entdeckt von Jones und Mitarbeitern[10].

Bereits 1977 erwartete man in der Bundesrepublik Deutschland etwa 2000 Neugeborene mit einer schweren Alkohol-Embryopathie[11].

Aus der seitdem rasch anschwellenden Flut von Studien sei nur noch eine Schweizer Stimme von 1982 zitiert: Als Folge des weitverbreiteten Alkoholkonsums sämtlicher Bevölkerungsschichten müsse man mit einem embryofetalen Alkoholsyndrom bei 1 bis 3 % aller Neugeborenen rechnen. Hierbei handele es sich in einem Drittel um schwere Formen. Denn das Äthanol, also der Alkohol, sei heute die wichtigste keimschädigende Noxe[12]. Geistig geht es von einer leichten Minderbegabung bis zur schwersten, hospitalisierungsbedürftigen Idiotie. Weitgehend diesem geistigen Verfall entsprechen die relativ klaren Degenerationszeichen.

In der 11. Auflage seiner „Psychopathia sexualis" hat v. Krafft-Ebing die Nekrophilie – er übernahm die Bezeichnung von Morel – nicht unter den Perversitäten abgehandelt, sondern sie nur bei Erörterung des Paragraphen 11 des damaligen österreichischen Strafgesetzbuches angeführt: „Diese scheußliche Art der sexuellen Befriedigung" sei so monströs, daß man unter allen Umständen einen psychopathischen Zustand vermuten müsse. Es sei wohl begründet, in solchen Fällen immer den Geisteszustand des Täters zu untersuchen. Krafft-Ebing führt dann weiter aus, wobei man den engagierten Sozialpsychiater der Degenerationsauffassungen heraushört: es gehöre eine krankhafte und entschieden perverse Sinnlichkeit dazu, um die natürliche Scheu, welche der Mensch vor Leichen habe, zu überwinden, sogar an der sexuellen Vereinigung mit einem „Kadaver" (!-Ref.) Gefallen zu finden[13]. Es müsse fraglich bleiben, wie Nekrophilie mit geistiger Gesundheit „verträglich" sei. – Allerdings hat v. Krafft-Ebing wegen der „großen Seltenheit"[14] wie auch andere bedeutende Sexualforscher, z.B. Hirschfeld, Freud und Kronfeld nicht über eigene Beobachtungen an Nekrophilen verfügt; sie mußten sich daher auf die referierten Fälle stützen.

Weygandt schilderte in seinem „Atlas und Grundriß der Psychiatrie" einen Imbezillen, der sich in der Nacht in Totenhallen einschlich und versuchte, mit den weiblichen Leichen zu verkehren. Sein Fall ähnelt dem unserigen (vgl. Exkurs, S. 103 ff).

Gruhle hat bekanntlich das Lehrbuch Weygandts – hier werden Psychiatrie und Neurologie zusammengefaßt – neu bearbeitet; bei der kurzen Erörterung einer Nekrophilie heißt es mit starkem moralischen Einschlag wie bei v. Krafft-Ebing, daß „wohl nur aufgrund tiefster Entartung oder Geistesschwäche es hier und da zu dem grauenvollen Akt der Nekrophilie – Leichenschändung – gekommen" sei. Denn bei Schwachsinnigen und Degenerierten finde sich mehrfach ein unhemmbarer Betätigungsdrang des Sexualtriebes nach den verschiedenen Richtungen, eine Panerotik[15].

Witter erweitert den Begriff: Die Nekrophilie sei ein sexuell motiviertes Mißbrauchen, Zerschneiden und Zerstückeln von Leichen[16]. Nun bringt zwar Spoerri den Fall Witters – dieser hatte ihn als symptomarmen Schizophrenen eingestuft –, doch findet sich diese eindeutige Diagnose nicht in der ganzen Abhandlung Spoerris. Nach Witter beruhe die Nekrophilie auf einer weiter nicht zurückführbaren sexuellen Triebanomalie hochgradig psychopathischer Persönlichkeiten.

Unter den 47 von Spoerri aus dem Schrifttum zusammengetragenen Fällen (einschließlich seines eigenen, Falles) befand sich nur eine nekrophile Frau.

Spoerri bemühte sich, die Nekrophilie als eine selbständige Form einer abnormen Gesamthaltung darzustellen[17]; er steht hier unverkennbar unter dem damals starken Einfluß der Daseinsanalyse, wie er auch eine daseinsanalytische Darstellung seines Falles durch R. Kuhn (Münsterlingen) einfügt.

Dabei ist zu bedenken, daß die Daseinsanalyse den Unterschied von gesund und krank gleich wie die Medizin der Romantik nicht kennt, sie somit an einer Diagnose nicht interessiert ist, daher auch letztlich nicht an einer Therapie. – In weitem Sinne betrachtet kann man daher die Daseinsanalyse der – hier allerdings weitgefaßten – antipsychiatrischen Bewegung zurechnen. Solange aber die Medizin, somit auch die Psychiatrie, noch an den Felsen der Naturwissenschaften geschmiedet ist, steht am Beginn jeder Therapie eine Diagnose.

Spoerri glaubt, nur von drei echten Fällen einer Nekrophilie der Literatur sprechen zu können. Des weiteren heißt es bei ihm: „Die Tatsache der Nekrophilie selbst gibt zu keiner Diagnose Berechtigung, da von den genau untersuchten Fällen in der Literatur kein einziger schizophren war"[18].

Trifft dies zu, dann muß der im Exkurs dargestellte Fall einer Nekrophilie bei einer schon früh einsetzenden schizophrenen Psychose als erster – soweit die Literaturkenntnis dies zu sagen erlaubt – eingestuft werden.

In unserem Falle muß der schizophrene Prozeß schon sehr früh eingesetzt haben: bei dem Zwölf- oder Dreizehnjährigen war bereits sein Grimassieren festgehalten worden. Dieses Grimassieren ohne neurologischen Befund ist den Anstalts- bzw. Krankenhaus-Psychiatern seit jeher ein wichtiges Symptom gewesen, eine schizophrene Prozeßpsychose zu erwägen, aber auch als Hinweis auf ihren somatischen Untergrund. Bei einem 35jährigen Bauern, der 1955 nach einem belanglosen Streit mit seiner Frau diese mit einem Wagenscheit „enthirnte", also das Gehirn aus seiner knöchernen Umhüllung mit zwei wuchtigen Schlägen herausgeschlagen hatte, fand man bei der Untersuchung aufgrund seiner Unterbringung nach § 81 StPO – also für die Dauer von sechs Wochen – keine sicheren Hinweise für eine Minderung seiner Schuldfähigkeit bzw. Zurechnungsfähigkeit infolge einer etwaigen seelisch-geistigen Erkrankung. Nur fiel dem damaligen Stationsarzt auf, daß der Beschuldigte ab und zu leicht grimassierte. Später kam dieses Grimassieren deutlicher heraus, nach Monaten traten nach und nach sichere schizophrene Symptome zu Tage.

Zwar ist, um zu unserem Fall L. zurückzukehren, die Prognose von Frühschizophrenien besser als man früher annahm; nach Eggers kann man mit 20 % Vollremission rechnen. Somit ist die Prognose dieser Früherkrankungen an einer schizophrenen Psychose nicht schlechter als von erwachsenen Schizophrenen, über die M. Bleuler (1972) wie auch G. Huber und Mitarbeiter (1979) berichtet haben. Demgegenüber ist die Prognose von Kindern, die vor dem 11. Lebensjahr seelisch-geistig erkrankten, nach Eggers als sehr schlecht einzustufen[19]. Eine solche ungünstige Verlaufsform muß man somit bei unserem Patienten L. annehmen.

Daß solche Hinweise auf ein krankhaftes Innenleben oft nur sozusagen im Vorbeigehen zu ergreifen sind, da sie wieder verschwinden, so daß Nachuntersucher zu ganz anderen Ergebnissen kommen, oft auch den Voruntersucher als stümperhaft zu bezeichnen sich erlauben, ist dem Krankenhauspsychiater nicht fremd. Man redet von einer intraindividuellen Fluktuation, daß also solche Störungen funktional und deshalb potentiell rückbildungsfähig sind, sie im Längsschnitt oft sehr stark schwanken; vor allem: sie können vollständig verschwinden. Eine solche Überlegung ist nur verständlich mit einem neurophysiologischen oder auch neurochemischen Modell[20]. Wenn Jaspers in der 1. Auflage seiner Psychopathologie meint, daß man bei Fürsten und Königen die schizophrene Symptomatik studieren könne, so zeigt sich hier der krankheitsbedingte Mangel Jaspers an täglicher klinischer Erfahrung am Bett. Er war durch eine angeborene Bronchiektasie mehr an die Bibliothek gefesselt. Denn gerade bei differenzierten Schizophrenen kommt es oft zu einem Überbau, der ihr krankhaftes Innenleben verdeckt: man denke hier an Ludwig II. von Bayern:

Vor Jahren erschien eine Studie: „Abnorm, aber nicht geisteskrank" im Deutschen Ärzteblatt. Der Verfasser Dr. med. V. Liebermann wandte sich heftig, geradezu haßerfüllt gegen die Diagnose einer Geisteskrankheit bei dem König; er scheute sich nicht, Bernhard von Gudden als „Gefängniswärter" zu verunglimpfen.

Aber schon fünf Jahre zuvor hat Dr. med. Christoph Biermann von der Universitätsklinik Tübingen aus psychologisch-psychoanalytischer Perspektive (damaliger Direktor: Prof. Dr. Dr. h. c. W. Schulte) im „Deutschen Ärzteblatt" über viele Seiten berichten können, daß die zugänglichen Quellen keinen Zweifel an einer hirnorganischen Erkrankung des Königs Ludwig II. von Bayern in seinen letzten Lebensjahren ließen. Es handele sich wahrscheinlich um einen chronisch-entzündlichen Prozeß; es wäre in erster Linie an eine Spätsyphilis zu denken (somit stimmen Dr. Biermann und Dr. von Liebermann überein). Biermann wirft v. Gudden vor, er habe den König ohne Untersuchung, und „besonders ohne neurologischen Befund" aus Staatsraison als geisteskrank bezeichnet und dem König auch am 11. Juni 1886 seine Regierungsunfähigkeit erklärt. Gudden habe unterlassen, was ein Arzt jedem Patienten zubillige, nämlich ein Gespräch und die körperliche Untersuchung, bevor man eine Diagnose stelle. Im Vorwort heißt es von einem Schriftleiter des Deutschen Ärzteblattes, daß es dem Dr. Biermann vor allem darum gehe, die Rolle der zeitgenössischen Psychiatrie in diesem Fall von Staatsraison zu untersuchen, indem das Geheimnis einer „Geisteskrankheit" einen Ausweg bedeutet hat – mit anderen Worten: Die Psychiatrie ließ sich als Büttel mißbrauchen, um einen König auszuschalten. Wie heißt es bei Biermann: „Leiden eines Königs" und darunter: Ludwig II. von Bayern: Krankengeschichte ohne Patient[21].

Hoche hatte jedoch schon gewußt, daß der 191 cm große, 240 Pfund schwere König an Wucht weit dem schon vorgealterten 62jährigen Irrenarzt v. Gudden überlegen war.

Was soll man dazu sagen? Eine schizophrene Symptomatik heißt ja noch lange nicht, eine schizophrene Psychose zu haben; es gibt zahlreiche körperlich begründete Psychosen, die sich vom Bild her von Schizophrenien nicht unterscheiden lassen. Der Verlauf allein gibt hier Aufschluß; man kann v. Gudden zubilligen, daß er dies damals in etwa schon gekonnt hat. Und wenn der König auf viele Besucher eben keinen geisteskranken Eindruck gemacht hatte, dann eben deshalb, – und dies muß man dem Verfasser Dr. Biermann ins Stammbuch schreiben – weil eine schizophrene Symptomatik verschwinden kann, es aber oft allein und nur auf das richtige Fragen ankommt. Die vielen „Heilungen" Schizophrener beruhen sicherlich darauf, daß man nicht genug nachgefragt hatte. Vor allem von psychoanalytischer Seite ist man hierbei recht großzügig verfahren. Und je älter solche Kranken werden – bei ursprünglich guter Intelligenz – umso mehr lernen sie, ihr Innenleben abzudichten. Nur wenn die chronische Geisteskrankheit tiefere Seinsschichten eines solchen Menschen erfaßt hat, dringt sie dann wieder durch, man kann auch sagen, bricht sie wieder auf.

In die gleiche Richtung wie Biermann und v. Liebermann argumentierte schon Jahre zuvor Michael Prawdin: Sein Buch will beweisen, daß man Johanna von Kastilien fälschlich als Wahnsinnige bezeichnet habe, sie sei nur ein politisches Opfer von Vater, Ehemann und Sohn gewesen[22].

Der schon erwähnte Dr. v. Liebermann, ein Reg. Med. Rat a. D. bekam vom Deutschen Ärzteblatt, wo „Außenstehende" praktisch nie zu Wort kommen, fast drei Seiten zur Verfügung gestellt[23]. Der Verfasser glaubt, daß König Ludwig II. von Bayern neurotisch gewesen sei, „vielleicht erblich im Sinne einer Schizophrenie leicht belastet" (! der Ref.). Eine syphilitische Infektion sei möglich. „In keiner Weise" sei aber Ludwig „geisteskrank und internierungsbedürftig" gewesen. Und zu Gudden: „Wie kann ein Arzt, ein Psychiater, ein Universitätsprofessor so subaltern sein? Der Herr Minister hat befohlen, der König ist als geisteskrank zu bezeichnen, und der „Arzt" (in Anführungsstrichen von Adolf von Liebermann gesetzt!) geht hin und setzt ihn fest, ohne Untersuchung." Und bei dem Kampf auf Leben und Tod, der den beiden den Tod gebracht habe, ist nach v. Liebermann zu hoffen, daß Ludwig noch die letzte, höchst unchristliche Freude gehabt habe, zu merken, daß sein „Quäler seinem Schicksal nicht entgangen ist" (! der Ref.).

Immerhin konnte v. Liebermann, nach dem Ärzteblatt Baden Württemberg vom Juni 1982, am 4. Juli 1982 seinen 89. Geburtstag feiern. Bei der Veröffentlichung seiner Schmähschrift – so muß man sein Elaborat nennen – war er immerhin 85 Jahre. Seine haßerfüllte Schärfe läßt dies nicht vermuten.

Da der König sich ertränken wollte, konnte v. Gudden allein lebend nicht zurückkehren. Er mußte somit sein Leben einsetzen. Der König faßte ihn mit der rechten Hand im Nacken, seine „Finger tief in die rechte Halsseite eindrückend" (Hoche), versetzte ihm mit der linken Hand einen Schlag auf die rechte Stirnseite, tauchte ihn unter Wasser und ersäufte ihn so[24].

Nach einem objektiven Berichterstatter – es ist Ernst Grünthal, in Deutschland geboren, als Schweizer mit 78 Jahren am 5. Januar 1972 in Bern verstorben – hatte v. Gudden 1886 zusammen mit drei anderen Klinikern den Auftrag erhalten, ein Gutachten über den offenbar seit langem geisteskranken König Ludwig II. zu erstatten, da seine Art, die Regierungsgeschäfte zu führen, für Land und Umgebung unhaltbare Zustände geschaffen hatte. Aus den Akten ergab sich ein krankhafter Verfolgungswahn, Größenideen und daraus entspringendes abstraktes Verhalten. Er litt – so Grünthal – „nach heutiger Diagnostik an einer paranoiden Schizophrenie bei familiär gleichartiger Belastung"[25].

Beobachtet man somit, wie schwierig es in manchen Fällen ist, eine schizophrene Psychose beweisbar zu diagnostizieren, man oft Jahre genauer Beobachtung dafür braucht, so gewinnt die vor über 90 Jahren gestellte Frage v. Krafft-Ebings, ob die Nekrophilie mit geistiger Gesundheit verträglich sei, an Gewicht.

Faßt man den Begriff Nekrophilie weiter, wo dann die reale Leiche nicht als Sexualobjekt dient und auch keine sexuelle Bedeutung hat, so kann der Verfasser zu dem von R. Kuhn angeführten Fall – nach dem Tod ihres Mannes hatte seine Frau noch drei Nächte mit der Leiche im gleichen Bett geschlafen – einen eigenen, schon 1955 beobachteten Fall beisteuern: Die in der französischen Schweiz lebende Frau – der Mann war Deutsch-Schweizer – hatte noch drei Tage mit ihrem an plötzlichem Herzversagen verstorbenen Mann im Bett nebenan gelegen, bis der Hunger sie die Treppe hinunterzwang und sie beim Nachbarn klingelte. Der Mann besaß psychiatrische Bücher, in denen er die Stellen mit den dort angeführten Symptomen rot unterstrichen, die er bei seiner Frau beobachtet hatte. Er hatte für sie gesorgt, eingekauft, gekocht und für den Tag jeweils vorgesorgt, wenn er zur Arbeit ging. Nach seinem akuten Tod mußte die Frau bis zum Lebensende hospitalisiert bleiben.

Als Beitrag zu den von Spoerri angeführten literarischen Darstellungen von nekrophilen Akten: Einen Hauch von Nekrophilie spürt man deutlich in „Rot und Schwarz". – Nach der Hinrichtung Juliens – „alles vollzog sich ganz schlicht und einfach ohne irgendwelches Getue" – wachte Fouque die Nacht allein in seiner Kammer mit dem Leichnam seines Freundes. Die eine Geliebte Juliens, nämlich Mathilde, kam herein: „Ich will ihn sehen" sagte sie – sie sank auf die Knie vor dem großen blauen Mantel, der den Leichnam einhüllte, Mathilde schlug mit bebenden Händen den Mantel auseinander, Fouque wandte seine Augen ab, er hörte, wie Mathilde hastig im Zimmer hin und her ging. Sie zündete mehrere Kerzen an. Als Fouque wieder die Kraft fand hinzublicken, hatte sie Juliens Kopf auf ein kleines Marmortischlein vor sich hingestellt und küßte ihn auf die Stirn. Beim Weg zur Begräbnisstätte, die Julien sich ausgewählt hatte, fuhr Mathilde ganz allein in ihrem verhängten Wagen mit, sie „hielt auf ihrem Schoß den Kopf des Mannes, den sie so sehr geliebt hatte[26]".

Was für ein Mensch war dieser Julien Sorel? Dieser junge Mann eines armen Bauern, ein plebejischer Revolutionär, arm und ohnmächtig – wie Luise Rinser schreibt –, aber mit einer stolzen Seele geboren und so glühend ehrgeizig, daß selbst die gewährte Liebe für ihn nur befriedigter Ehrgeiz ist; er muß heucheln, da er keine revolutionäre Gruppe findet: ein Revolutionär und perfekter Atheist. Seinem analytischen Verstand benachbart eine höchst empfindsame Seele – ein Revolutionär mit Glacé-Handschuhen, der sich keine Schrammen zuzieht[27].

Aber ist er nicht noch mehr? Sicherlich ein zielstrebiger und kaltblütiger Aufsteiger, ein Egoist reinster Prägung, aber auch mit Größe und der Bereitschaft, sich selbst aufs Spiel zu setzen und im Untergang – „er war mutig gestimmt ... Wohlan, alles geht gut, sagte er sich ... Nie war dieser Kopf so voll Poesie gewesen wie jetzt, da er fallen sollte" – ein starkes Selbstbewußtsein zu entfalten.

Nun ein Beispiel aus moderner Zeit:
Simone de Beauvoir schrieb über das lange Sterben ihres Lebensbegleiters Sartre. Bei der Totenwache im Pavillon des Krankenhauses Broussais bat Simone de Beauvoir man möge sie mit Sartre allein lassen. Dann heißt es weiter: „Ich wollte mich zu ihm unter das Leintuch legen." Jedoch hielt sie eine Krankenschwester mit dem Hinweis auf den „Brand" am Körper Sartres zurück. Dann erst hatte die Beauvoir „die tatsächliche Beschaffenheit seiner Wundstellen begriffen. Ich habe mich auf das Laken gelegt und ein bißchen geschlafen." Dann kamen um fünf Uhr die Krankenpfleger und nahmen den Leichnam mit.

Möglicherweise stand die Beauvoir schon damals wie später bei der Beerdigung „mehr oder weniger unter Valium"; denn an der Beerdigung erinnerte sie sich „an nichts", es scheint, daß „sie viel getrunken" hatte, so daß man sie beinahe die Treppe hinuntertragen mußte. Die nächsten drei Tage blieb sie bei Sylvie, konnte wegen Erschöpfung an der Einäscherung nicht teilnehmen: als Sylvie und Landzmann zurückkehrten, war sie „im Delirium" mit einem „Blutstau in der Lunge"; sie sei nach zwei Wochen klinischer Behandlung wieder gesund gewesen[28].

Zum Abschluß ein weiteres Beispiel aus dem schöngeistigen Schrifttum, erschienen in der literarischen Monatsschrift „Karussel", 1. Jg. November 1946, Folge 5, S.3-12, Hg: Harriet Schleber in Kassel: „Eine Rose für Miß Emily" eine Erzählung William Faulkner's, in den Südstaaten spielend: Eine verarmte Grundbesitzerin in einem Städtchen hatte sich mit Homer Barron, einem Yankee und Vorarbeiter einer Straßenbaufirma, eingelassen, obwohl dieser beim Zechen mit jungen Männern im Elks Club die Bemerkung hatte fallen gelassen, er gehöre nicht zu den Männern, die heiraten.

Man erfuhr, daß Miß Emily beim Juwelier eine silberne Herrenfrisiergarnitur mit den Anfangsbuchstaben H. B. „auf jedem Stück" bestellt und kurz darauf eine komplette Herrengarderobe - Ausstattung einschließlich einem Nachthemd gekauft hatte. Zu der Zeit als zwei Kusinen - womöglich noch verschrobener als Miß Emily - bei ihr zu Besuch waren, erstand sie sich „irgendein Gift", wie sie zu dem Drogisten sagte; sie nahm Arsenik; alle Welt äußerte am nächsten Tag, sie wolle sich umbringen.

Die Straßen waren schon einige Zeit fertig, als Homer Barron fortreiste; eine Woche später gingen die beiden Kusinen weg. Und wirklich, wie man es die ganze Zeit erwartet hatte, kehrte Homer Barron nach drei Tagen zurück. Ein Nachbar sah, wie der einzige Vertraute von Miß Emily, ein Neger, ihn eines Abends in der Dämmerung durch die Küchentür einließ. „Und das war das Letzte, was wir von Homer Barron sahen. Ebenso von Miß Emily." Nur selten sah man sie noch, ihr Haar wurde grauer und grauer; als sie mit vierundsiebzig

Jahren in dem wuchtigen Walnußholzbett in einem der unteren Zimmer verstarb, hatte es dieses kräftige Eisengrau, wie das Haar eines tatkräftigen Mannes. Nach ihrer Beerdigung sprengte man in den oberen Regionen des Hauses die Tür eines Zimmers auf, das seit vierzig Jahren niemand zu Gesicht bekommen hatte. Indem wie für eine Braut gedeckten und möblierten Raum nistete ein dünner und scharfer Geruch wie von einer Gruft. Über einem Stuhl hing der Anzug sorgfältig gefaltet, darunter die beiden stummen Schuhe und die abgestreiften Socken. Der Mann selbst lag im Bett. Und der Körper mußte früher offenbar einmal in umarmender Stellung dagelegen haben, war aber jetzt zerfallen mit dem Nachthemd, das eins geworden war mit dem Bette. Und überall lag diese „gleichmäßige Schicht geduldigen und abwartenden Staubs". Dann jedoch nahm man wahr, daß das zweite Kissen die Mulde eines Kopfes aufwies. „Einer von uns pflückte dort etwas weg, und vorgebeugt, diesen feinen und unsichtbaren Staub trocken und beißend in den Nasenlöchern, sahen wir eine lange Strähne eisengrauen Haares."

Anmerkungen

1. Spoerri, Th.: Nekrophilie. Basel; Karger, 1959
2. Peters, U. H.: Wörterbuch der Psychiatrie und medizinischen Psychologie. Berlin/München/Wien/Baltimore; Urban und Schwarzenberg 1977, S.343
3. Neumann, H.: Verwahranstalt oder Heilanstalt? (Beispiel: Illenau b. Achern i. Baden). In: Der Nervenarzt, 30, 1959; S.277-279
4. Schüle, H.: Handbuch der Geisteskrankheiten. Leipzig; Vogel, 1878
5. Middelhoff, H. D.: C.F.W. Roller und die Vorgeschichte der Heidelberger Psychiatrischen Klinik. In: Psychopathologie als Grundlagenwissenschaft. Hg.: W. Janzarik. Stuttgart; Enke, 1979, S.33-50
6. Leibbrand, A. W.: Formen des Eros. Freiburg/München; Alber, 1972, Bd. II. S.571ff
7. Die Kurzbiographie Riegers (1855-1939). In: Große Nervenärzte, Hg.: K. Kolle, Stuttgart; Thieme, 1956, Bd. 1, S.236-244
8. Billroth, Th.: Briefe. Hannover/Leipzig; Hahnsche Buchhandlung, 1902, S.447
9. Lemoine, P. et al.: Arch. Franc. Pédiat. 25; 1968, S.831 ff
10. Jones et al.: Lancet, 1973/1:1267. Siehe auch: Smith, D. W. in: Major problems in clinical pediatrics. Vol VII, 2. Auflage, Philadelphia; Saunders 1975. Smith, D. W., Jones, K. L. und Hanson U. W.: Ann. NY. Acad. Sci. 273, 1976, S.138 ff
11. Zitat nach: Medizin 5/13/14, S.1744. Erlangen; Perimed-Verlag Dr. Straube, 1977
12. Schreiner, W. E.: Wien. med. Wschrft., 132. 1982, S.377 ff
13. Krafft-Ebing, R. v.: Psychopathia sexualis. Stuttgart; Enke, 1901, S.414
14. Spoerri, Th.: a. a. O.; S.61
15. Weygandt W. und Gruhle, H. W.: Lehrbuch der Nerven- und Geisteskrankheiten. Halle a. S.; Marhold, 1952, S.721
16. Witter, H.: Handbuch der forensischen Psychiatrie. Berlin/Heidelberg/ New York; Springer, 1972, Bd. II., S.1067
17. Spoerri, Th.: a. a. O.; S.78 ff
18. Spoerri, Th.: a. a. O.; S.56
19. Eggers, C. H.: Verlaufsweise kindlicher und präpuberaler Schizophrenien. Berlin/Heidelberg/New York; Springer, 1973
20. Huber, G.: Arch. f. Psychiatr. Nervenkrkh. 240, 1972, S.119
21. Deutsches Ärzteblatt, 70 Jg. Heft 41, S.2685-2691, Oktober 1973. Heft 42, S.2949-2955, Oktober 1973. Heft 45, S.4149-4154, November 1973; Verlagsort Köln

[22] Prawdin, M.: Dona Juana, Königin von Kastilien. Düsseldorf; Diederichs, 1953
[23] Deutsches Ärzteblatt, Heft 43 vom 26. Oktober 1978, S.2535-2537.
[24] Hoche, a. E.: Schlußszene der Starnberger Tragödie. In: Berliner Illustrierte Zeitung, Nr. 39, 1932; abgedruckt in: Aus der Werkstatt.München/ Berlin; Lehmann, 1935, S.152-155
[25] Grünthal, E.: Bernhard von Gudden. In: Große Nervenärzte. Hg.: K. Kolle. Stuttgart; Thieme, 1956, S.128-134
[26] Stendhal (= Henry Beyle): Rot und Schwarz. München; Winkler, o. J., S.782; übersetzt von Walter Widmer.
[27] Rinser, Luise. In: Bibliothek der hundert Bücher. Frankfurt/M.; Suhrkamp, 1981, S. 190
[28] Vordruck in: Zeitmagazin Nr.16 vom 16.4.1972, S.58 des Buches „La Ceremonie des Adieux suivi de Entretiens avec Jean-Paul Sartre Aou – Septembre 1974". Rowohlt-Verlag, Reinbeck

2. Johanna die Wahnsinnige, Königin von Kastilien, Aragonien und Leon, Mutter des deutschen Kaisers Karl V. – geisteskrank und nekrophil?

In seiner Studie „Nekrophilie" führt Spoerri[1] zum Abschluß die bis 1959 erschienenen spärlichen Arbeiten über dieses Thema auf, erwähnt jedoch nur „der Vollständigkeit halber" Überlieferungen „mehr legendärer Art", die auf Nekrophilie hinweisende Vorkommnisse seien. Er schreibt über Johanna die Wahnsinnige in drei Zeilen, daß sie ihren Mann nach seinem Tode wieder ausgrub und ihn auf einer ihrer Reisen mitführte. Sie soll den Leichnam mit „Ergüssen ihrer Zärtlichkeit" überschüttet haben[2].

Allerdings hätte Spoerri auf eine schon 1848, also 111 Jahre vor seiner Studie erschienenen Abhandlung zurückgreifen können: Bird publizierte damals die „Geschichte der Seelenstörung Johanna's von Kastilien", wobei er unter „Seelenstörung" entsprechend der damaligen wissenschaftlichen Auffassung eine psychische Krankheit verstand[3].

Nachfolgend soll Nekrophilie eng gefaßt bleiben, keineswegs sich ausweiten wie bei Erich Fromm; nach ihm handelt es sich bei nekrophilen Menschen um solche, für welche das Zerstören, das Trennen von lebendigen Strukturen, das Ersticken des Lebens selbst zum höchsten Genuß gehört[4]. Eine solche Ausweitung verwässert den Begriff zur Unverwertbarkeit, vor allem, wenn Fromm meint, bei vielen Menschen sei zwar ein Schuß Nekrophilie vorhanden, jedoch gemischt mit der Biophilie, einem Gegenpol, eben der Liebe zum Lebendigen. Wenn er diese Nekrophilie bei Adolf Hitler nachweisen will, dessen letztes leidenschaftliches Ziel die Zerstörung gewesen sei, da er eben alle gehaßt habe, auch die Deutschen, ein Mensch, der vollkommen unbezogen, unfähig zu einer liebenden, einfühlenden und lebensbejahenden Geste gewesen sei, so vergißt er, daß es sich bei Adolf Hitler wahrscheinlich um einen blanden, unerkannten Psychotiker gehandelt hat. Wenn Krankheit Weltgeschichte macht, um den Titel eines Buches von Venzmer zu zitieren[5], so hätte Venzmer auch schreiben können: Die verborgene Geisteskrankheit macht auch Weltgeschichte.

Wolfgang Treher hat wohl erneut und begrifflich schärfer als frühere Autoren auf diesen Zusammenhang in seinen Büchern hingewiesen. Sein Buch über „Hegels Geisteskrankheit" trägt noch den weiteren Titel: „Oder das verborgene Gesicht der Geschichte[6]."

Die Psychiatern gut anstehende Akribie hat sie – vielleicht nach früheren, zu forschen Eskapaden – zögern lassen, ihre psychopathologischen Kenntnisse auch bei der Betrachtung geschichtlicher Täter nicht zu vergessen. Wenn Geisteswissenschaftler hier versagen, so mag das hingehen: Reinhold Schneider zeigt sich bei der Besprechung von „Die Tragödie des Humanismus ohne Gott" des Franzosen Henri de Lubac geradezu hilflos, wenn er Comtes „Cours de philosophie positive" anführt: Während Feuerbach vor dem Eingreifen in die Politik zurückgeschreckt habe, sei Comte diesen Weg gegangen und habe eine Ordnung bis zur Liturgie und bis zum Kalender aufgestellt. Für ihn genügten zweitausend Bankiers und zweitausend „Tempel der Menschheit" für das Abendland, der Mittelstand habe zu verschwinden, die Schicht der Handarbeiter und des Proletariats verbreite sich dadurch umso breiter, jedoch sollte er keinerlei Anteil an den öffentlichen Angelegenheiten haben. Comte schrecke - so R. Schneider - nicht zurück, den Weg von der Freiheit zur Despotie zu gehen. Freilich, Schneider spricht von den Absurditäten Comtes sagt jedoch im gleichen Satz, die Wirkung Comtes auf Frankreich, Belgien, England und Deutschland sei kaum mehr abzuschätzen, es gebe in London sogar positivistische Kirchen[7].

Man kann aber die Bücher Comtes weit gelassener lesen, erinnert man sich, daß er - allerdings hochbegabt und frühreif - mit 28 Jahren einen psychotischen Schub durchmachte; Esquirol behandelt ihn in seiner Anstalt; aber erst Ende August 1828 ist die Psychose abgeklungen, jedoch Comte nicht mehr als genesen zu betrachten. Der nächste Schub kam achtzehn Jahre später, hier jedoch schwächer in den Erregungsphasen; Comtes Wahnvorstellungen zeigten eine depressive Betonung. Am wahrscheinlichsten ist somit bei Comte eine schizophrene Psychose anzunehmen, in Schüben verlaufend, ohne daß es zu einem stärkeren Zerfall der Persönlichkeit kam - nach Kraepelin kann man von einer Paraphrenie sprechen. Jedoch diese Verschiebung seiner Wertvorstellungen, seine Unbekümmertheit in diesem, auch für ihn charakteristischen logistischen Denken, schlug sich dadurch in seinen Werken nieder. Aus eigener Erfahrung ist beizusteuern, wie hilflos sich Soziologen oft in Vorlesungen zeigten, versuchten sie die Gedanken Comtes ihren Zuhörern und Studenten nahezubringen.

Treher zeigt in seinem 'Hegelbuch', wie solche phantastischen Geisteskranke wirken können, vor allem auf geistig hochstehende Geisteswissenschaftler und Philosophen: Klages hing zeitlebens dem schizophrenen Alfred Schuler an (1865-1923), von dem er schrieb, er habe sich so in Wesen und Kulturgebräuche der heidnischen

Antike, vor allem des spätkaiserlichen Roms eingelebt, daß er ihn als den Wissendsten um die Geheimnisse des Altertums bezeichne[8]. Auch wenn diese Kosmiker sich aus dem Kreise von Stefan George absonderten, dieser somit bei seiner Empfindlichkeit[9] gegenüber „Abtrünnigen" sich fast immer ungerecht verhielt, so hat doch George, wie sein abtrünniger und von ihm somit in Acht und Bann getaner Jünger Klages berichtete, nach einer Vorlesung des von seinen Sinnestäuschungen enthusiasmierten Schulers auf nächtlicher Straße gerufen, dies sei Wahnsinn, er möge ihn in ein Wirtshaus führen, wo biedere Bürger und ganz gewöhnliche Menschen Zigarren rauchten und Bier tränken[10]. George war letztlich viel zu sehr Realist, um nicht zu wissen, daß solche Vorstellungen, die vorhellenischen Zustände des Mutterrechts (nach Bachofen) in der damaligen „eingefrorenen" Welt zu realisieren, meist in einer banalen Gefängniszelle zu enden pflegen[11].

Umso befreiter fühlt man sich, wenn ein so unabhängiger Geist wie Egon Friedell – der „Löwe, der Bücher fraß" –, über Hegel in vergnügter Ironie schreibt, daß diese letzte Philosophie, die Totalität der Formen, nicht ein ideales Postulat, somit ein unerreichbares, nur in endlicher Annäherung zu erstrebendes Ziel unseres Geistes ist, sondern „leibhaftig erschienen und Fleisch geworden in Georg Wilhelm Friedrich Hegel[12]".

Über Johanna die Wahnsinnige liegen heute verläßliche Untersuchungen vor, die auch eine zweifelsfreie Diagnose zu stellen erlauben: Johanna von Kastilien ist die Tochter der größten Königin Spaniens, Isabella von Kastilien (geb. 22.4.1451, gestorben 26. 11. 1504), die unter kluger Abwägung der politischen Möglichkeiten Ferdinand von Aragonien heiratete (Ehekontrakt 1469). In ihren Überlegungen spielte auch eine Rolle, daß ihrer beider Großväter Brüder gewesen waren. Ihre Mutter Isabella von Portugal heiratete Johann von Kastilien (1407-1454); sie galt von Jugend an als reizbar und exzentrisch, in ihrer besten Zeit allerdings auch als tatkräftig und schlau, jedoch endete sie in geistiger Verblödung und starb erst Jahrzehnte nach ihrem Gemahl. Bis zu ihrem Todestag am 15. August 1496 lebte sie 42 Jahre lang verwitwet in Arevab, wie es heißt, am Körper gesund, jedoch im Geiste langsamem Siechtum verfallend. Die Parallelen zu ihrer Enkelin Johanna der Wahnsinnigen sind nicht zu übersehen, die noch länger im seelisch-geistigen Siechtum dahindämmerte: Nach dem Tode Philipps des Schönen von Burgund am 25. September 1506 lebte sie, seit 1509 interniert in dem festen Schloß von Tordesillias, 46 Jahre lang bis zu ihrem Tod am 12. April 1555. Schon drei Jahre später starb ihr großer Sohn Karl, der König Karl I. von Spanien bzw. der deutsche Kaiser Karl V. – Die Eheschließung der damals siebzehnjährigen Johanna mit dem knapp achtzehnjährigen Philipp dem Schönen von Burgund geschah unter rein dynastischen Aspekten: Maximilian I., der Kaiser und letzte Ritter, hatte nach der Niederlage Karls des Kühnen bei Nanzig (Nancy 5.1.1477) als Achtzehnjähriger die einzige Erbtochter des damals reichsten europäischen Landes geheiratet, Maria von Burgund; sie war 20 Jahre alt (geb. 1457). Am 22. Juni 1478 gebar sie ihren Sohn Philipp – später genannt der Schöne – und am 10. Januar 1480 Margarete von Österreich (gest. am 1.12.1530 in Mecheln). Erneut schwanger verletzte sich Maria bei einer Falkenjagd durch Sturz von ihrem Pferde – die erfahrene Reiterin muß einen Augenblick ihre Zügel losgelassen haben – so schwer, daß sie nach drei qualvollen Wochen am 27. März 1482 verstarb.

Ihre zwei Kinder heirateten in die spanische Königsfamilie ein. Die Tochter Margarete von Österreich ehelichte im Frühjahr 1497 den damals zwei Jahre jüngeren spanischen Thronfolger Don Juan, also den Bruder Johannas von Kastilien. Dieser Don Juan soll zu sinnlich gewesen sein; an „Auszehrung" verstarb er sieben Monate nach der Hochzeit am 4.10.1497. Die Erinnerung an ihn blieb in der Königsfamilie wach; in seinen Instruktionen für seinen damals sechsjährigen Sohn Philipp wies Karl V. 1534 warnend darauf hin[13].

Margarete von Österreich gebar im zweiten Monat ihrer Witwenschaft einen Knaben, der kurz nach der Geburt verstarb. Sie heiratete 1501 Philibert II. von Savoyen, der nach glücklicher Ehe bereits 1504 verstarb; seit 1507 führte sie mit Klugheit und Energie die Regentschaft in den Niederlanden, wobei sie ihre Nichte Eleonore (geb. 15.11.1498) und den Neffen Karl (geb. 24.2.1900 in Gent) mit erzog und nachhaltig prägte. Ihr Denkmal setzte sie sich selbst durch die Erbauung der wohl letzten im gotischen Stile in Frankreich erbauten Kirche von Brou in Bourg-en-Bresse (Beginn um 1513), wo Konrad Meit aus Worms seine besten Arbeiten schuf. Margarete von Österreich liegt neben dem Grabmal Philibert des Schönen; sie schaut mit einer leisen Wendung des Kopfes zu ihm herüber.

Der Sohn, Philipp der Schöne von Burgund, heiratete knapp achtzehnjährig am 21.10.1496 in den Niederlanden die siebzehnjährige Johanna von Kastilien.

Es handelte sich bei beiden – so nach den hierin übereinstimmenden Berichten – um sinnliche starke junge Menschen. Nach Pfandl[14] sei diese Ehe unter den Anzeichen und Merkmalen einer sinnlosen Leidenschaft geschlossen worden, und sie behalte dieses Stigma die kurzen zehn Jahre ihres Bestehens hindurch unverändert bei.

In den ersten Monaten ihrer Ehe schien sich Johanna an den heiter frivolen, dabei jedoch vielfach zeremoniellen Lebensstil des burgundischen Hofes in Gent angepaßt zu haben. Diese Lebensform „Stilisierung des Lebens und seine Ausdrucksformen im Ästhetischen wie im Ethischen und Intellektuellen[15]" unterschied sich schroff von dem Leben, in dem Johanna bis dahin in Spanien aufgewachsen war:

Sie war die Tochter der größten Königin Spaniens, Isabellas von Kastilien, einer tatkräftigen und zugleich auch strenggläubigen Frau: Unterstützt von Ximenez de Cisneros, dem Erzbischof von Toledo, führte sie 1481 die Inquisition in Spanien ein, vertrieb 1485 die Juden, bekehrte ab 1502 gewaltsam die granadischen Mauren und begann um 1500 mit der Reformation der spanischen Mönchsorden. Tatkräftig mit der ihr eigenen eisernen Energie hatte sie nach langen Kämpfen die Übergabe Granadas und somit das Ende der über 700jährigen maurischen Herrschaft in Spanien mit erreicht (2. Januar 1492). Daß sie dabei – man kann sagen: nebenbei Columbus˙ durch den „Kapitulationsvertrag" vom 17. April 1492 durch Anleihen die Mittel zur Fahrt nach dem Westen verschaffte, um eben Indien zu entdecken, wie Columbus bis zu seinem Tode geglaubt hat, ist vor allem aus Mangel an wissenschaftlichen Grundlagen zustandegekommen. Denn die Portugiesen hatten in Sagres durch Heinrich den Seefahrer ein nautisches Zentrum größten Ausmaßes aufgebaut, wo man durchaus richtig die weit größere Entfernung nach „Indien" ausrechnen konnte, als sie Columbus 1484 vor dem portugiesiscnen König Johann II. vorgetragen hatte[16].

Bei ihrer Tochter Johanna bricht sich ihre seelisch-geistige Eigenart nach und nach Bahn. Sie zeigt sich zuerst in ihrer zunehmenden Eifersucht. Nach der Geburt der Tochter Eleonore (15.11.1498) läßt sie kein Fest aus, um ihrem Mann, dem man nachsagt, ihm liege nichts anderes im Sinne als Ballspiel, Jagd, Turniere und Tanz[17] keine Gelegenheit zum Anknüpfen anderer zarter Bande zu geben, so daß sie während eines Hoffestes in Gent ein plötzliches Unwohlsein spürt, eiligst auf den Abort sich begibt und hier von der Geburt ihres Sohnes Karl (24.2.1500 in Gent) überrascht wird. Ganz unbegründet ist allerdings diese Eifersucht Johannas nicht: Während in Spanien die Beziehungen der Geschlechter durch strenge Sitten- und Ehrgesetze gelenkt und eingeengt werden, ist die Moral in den Niederlanden locker, spielt sich das Leben in den Badestuben in einer wahrhaft mittelalterlichen Ungebundenheit ab, spielen Trunk und Schmaus sowie festliche Gewänder und Lustbarkeiten eine große Rolle.

Die sehr verschlossene, sehr argwöhnisch wirkende und als launisch in den Niederlanden bezeichnete Johanna wird im Juli 1500 unvermutet die Thronerbin des spanischen Reiches: Wie erwähnt starb das Kind ihres zwei Monate vorher gestorbenen Bruders Don Juan kurze Zeit nach der Geburt. Isabella, die älteste Schwester Johannas, hatte als junge Frau ihren jungen Mann Alfons von Portugal – den Sohn von Johann II. durch Sturz vom Pferde verloren, sie heiratete den Nachfolger Emanuel I. von Portugal – unter dessen Regierung Vasco da Gama den Seeweg nach Indien 1498 entdeckt und dadurch Portugal unermeßlichen Reichtum verschafft hatte –, starb jedoch im August 1498 im Wochenbett. Ihr Kind, der Infant Miguel, konnte somit die Kronen von Portugal und Spanien erben, verstarb jedoch im Juli 1500 im Alter von 22 Monaten[18].

Die fromme Mutter Isabella von Kastilien hatte vom Leben ihrer Tochter Johanna in Gent schlimme Nachrichten erhalten, sie sei dort von lockeren Pariser Mönchen umgeben und nehme es mit ihren religiösen Pflichten gar nicht mehr genau. Sie setzte große Hoffnung auf ein Kommen dieser Tochter und Thronerbin Spaniens, um jeden schlimmen Einfluß von ihr fernzuhalten und sie wieder geistig zu kräftigen. Aber erst nach der Geburt des dritten Kindes (Isabella, geb. 27. Juli 1501 in Brüssel) kommt Johanna mit Philipp dem Schönen im Januar 1502 in Spanien an. Am 7. Mai 1502 kann Isabella ihre Tochter in Toledo umarmen. Der des Spanischen unkundige Philipp – Johanna muß mühsam zwischen ihm und ihren königlichen Eltern dolmetschen – entflieht trotz neuer Schwangerschaft seiner Frau aus dem ungeliebten Spanien nach Burgund zurück (Mitte Dezember 1502).

„Die im fernen Kastilien zurückgebliebene Johanna gibt sich fassungslosen Ausbrüchen des Schmerzes und der Verzweiflung hin", nur vom Gefühl einer Eifersucht auf den leichtfertigen, herzlosen und frivolen Gatten[19] erfüllt: In „düsterer Apathie" kauerte sie Tag und Nacht auf ihrem Ruhekissen, den Blick starr in die Ferne gerichtet, nur zeitweilig aus diesem Zustand zu lautem Jammern und Schreien aufschreckend. Auch nach der Geburt der Tochter Johanna (am 10. März 1503 in Alcala) besserte sich ihr Zustand nicht:

„Der Sommer 1503 vergeht für sie in finsterem Hindämmern." Auf dem Schloß La Mota bei Medina del Campo gibt sie am gleichen Tage, als eine Frage ihres fernen Gemahls eintrifft, ob sie nicht bald kommen werde, den Befehl zum sofortigen Aufbruch. Man bittet sie vergeblich, auf ihre Mutter zu warten. Sie will keine Widerrede hören, stürmt aus ihren Zimmern in den Schloßhof, um vor vermeintlicher Gefangensetzung die Flucht zu ergreifen, befiehlt das heruntergelassene Fallgatter zu öffnen und die hochgezogene Brücke zu senken: Sie gerät, als man sich weigert, „in blinde Raserei". In Drohungen und Bitten heult sie ihre Wut hinaus, stößt die Hofdamen und die Dienerschaft zornig von sich und rüttelt hilflos an den Stäben des Fallgitters. Hier am Gitter wartend findet die Mutter Isabella ihre Tochter; sie muß dabei von ihr ungebührliche und freche Worte hören, die sie sonst niemals ruhig hingenommen hätte, jedoch habe sie den „kranken Zustand" erkannt, so Isabella an ihren Gesandten in Brüssel[20]. Auch mit von diesen schweren Erlebnissen zerrieben stirbt Isabella am 26. November 1504 in Medina del Campo: In ihrem Testament regelt sie noch die genaue Erbfolge. Wenn sich Johanna als unfähig erweise, ihres königlichen Amtes zu walten, sollte ihr Gemahl König Ferdinand bis zur Großjährigkeit des Enkels Karl die Regentschaft führen.

Ihre Tochter Johanna war im Frühjahr 1504 von Aragonien auf dem Schiff zu den flandrischen Ufern zurückgekehrt, ihre seelisch-geistige Erkrankung war jetzt unverkennbar.

Die nächsten Jahre vergehen mit maßlosen Eifersuchtsszenen Johannas, wobei sie einmal einer vermeintlichen Nebenbuhlerin mit einer Schere kreuz und quer das Gesicht zerschnitt, ihren Mann „buchstäblich bis zu Selbstmordgedanken" verbitternd[21].

Als weitere Absonderlichkeit wird berichtet, daß sie sich mehrere Male am Tage umständlich den Kopf wäscht oder waschen läßt. Jeder Psychiater kennt beim Anlaufen einer solchen Geisteskrankheit solche Waschzeremonien; die alten Psychiater meinten deshalb, es müsse zu einer Hyperämie des Gehirns gekommen sein. Erst Griesinger rückte von dieser Anschauung ab.

Bei den laut geführten Szenen läßt sich Philipp zu Schlägen gegenüber Johanna – die selbst gern kratzt, beißt, pufft und drischt – hinreißen. Ist mit ihr nicht mehr auszukommen, läßt er die Kinder bringen. Der Historiker Pfandl, der psychiatrische Kenntnisse nur aus zweiter Hand besitzen kann, meint dazu, auch dieses Mittel habe meistens fehlgeschlagen. Denn Johanna habe mit Frauen von Minderwertigkeit gemeinsam, daß sie im Gatten nicht den Mann, sondern bloß das Männchen sehe. Sie kenne an ehelichen Pflichten nur das Bett, sie erfülle nur noch die Pflicht der Fortpflanzung.

Philipp der Schöne schreibt an seine Schwiegereltern, er habe sie an den Regierungsgeschäften teilnehmen lassen wollen, jedoch habe sie zu allem immer nur nein gesagt. Der psychiatrische Laie Pfandl meint, Johanna habe für ihre rasende Eifersucht kein anderes Gegenmittel als eine bösartige Widersetzlichkeit einsetzen können. Jedoch hier einen Schuldvorwurf einer offensichtlich Geisteskranken zu machen (denn der dritte Untertitel in Pfandls Buch lautet: ihre Schuld) ist abwegig.

Die Psychose schreitet rasch weiter: die Kranke schließt sich völlig ab, singt vor sich hin, vertrödelt den Tag. Ihrem kranken Zustand wird auch hier Pfandl nicht gerecht, wenn er meint, sie habe in eigenwilliger Verbohrtheit sich selbst zu genügen versucht[22]. Sie sitzt tagelang in verdunkelten Gemächern am Tisch oder auf einem Kissen am Boden, „ziellos ins Leere starrend".

Pfandl zitiert zeitgenössische Berichte, daß Philipp der Schöne unter dem lähmenden Druck „von Johannas bösartigem Wesen" jegliche Lebensfreude verloren und sich den Tod herbeigewünscht habe[23].

Ihr fünftes Kind Maria bringt sie am 15. September 1505 in Brüssel zur Welt, fährt mit dem Gemahl zu Schiff nach Spanien, am 26. April 1506 landet man in Corunna. Die kranke Königin Johanna weigerte sich „schroff und ohne Angabe von Gründen, die Privilegien des alten Königreiches Galicien zu unterschreiben". Ihr Mann hat alle Mühe, die wegen solcher Mißachtung ihrer Rechte erbosten Galicier zu beschwichtigen. Unter den Cortesvertretern ist López de Padilla am eifrigsten auf den Schutz der Rechte dieser ihrer spanischen Königin bedacht; jedoch muß er nach einer Audienz unter Tränen bekennen, die Königin habe schon nach ein paar Worten sich in ungereimtes und sinnloses Gerede verloren.

Der plötzliche Tod ihres Gemahls Philipp des Schönen nach nur sechstägiger Erkrankung (mit Fieber, Erbrechen, Verfärbung des Körpers ins Schwarze) am 25. September 1506 – (man sprach von Vergiftung durch den Schwiegervater und Rivalen Ferdinand von Aragonien) traf Johanna – nach Pfandl – mit niederschmetternder Wucht und Leere.

Der Hispanologe und Historiker Pfandl (geboren am 22.9.1881 in Rosenheim, verstorben am 29.6.1942 in Kaufbeuren) beruft sich in der Deutung der Geisteskrankheit Johannas der Wahnsinnigen auf Kraepelin, Bleuler und Bostroem, später auch – bei der Darstellung des Don Carlos – auf den Wiener Kliniker Th. Meynert; bei diesem darf man seine Himmythologien nicht übersehen. Aber psychiatrische Kenntnisse ohne Erfahrung am Bett und ohne Verlaufsbeobachtung bleiben immer nur Stückwerk. Pfandl spricht mehrfach von der armen Psychopathin Johanna, obwohl diese Frau schon deutlich geisteskrank war. Er spricht davon, daß Johanna „wahrscheinlich einer ganz bestimmten organischen Erkrankung unterlegen" sei. Keinerlei endogene oder exogene Psychose treffe auf sie zu[24]. Jedoch ist das Wesen einer Erkrankung aus dem schizophrenen Formenkreis – die chronische Geisteskrankheit, an der Johanna ohne jeden Zweifel litt, würde man heute so benennen –, daß sie endogen ist, also aus unbekannten inneren Gründen aufsteigt, sehr wahrscheinlich auf körperlicher Grundlage. Man kann auch nicht mit Pfandl übereinstimmen, daß Johanna aus der Gemeinschaft in ihre Psychose geflüchtet sei. Sie habe dies unbewußt getan; unbewußt habe sie auch alles getan, um jede Verbindung mit der Außenwelt abzubrechen, auch dies ist aus der Psychologie des normalen Seelenlebens abgeleitet, geht jedoch am Wesen einer solchen Psychose, also einer Geisteskrankheit, vorbei.

Der psychische Zerfall schreitet nach dem Tod ihres Gemahls weiter fort; vor allem auf ihren zunehmenden Mangel an Entschlußkraft weist Pfandl hin, eine Eigenart von ihr, die abgeschwächt noch bei ihrem sonst gesunden Sohn Karl temporär zu Tage tritt. Bei ihrem Enkel Philipp II. sieht man dann das Umschlagen des lange Nichtwollens in die eiserne und gnadenlose Härte des einmal gefaßten Entschlusses.

Pfandl hat die bereits erwähnte psychiatrische Studie des Deutschen Psychiaters Bird aus dem Jahre 1848 nicht erwähnt. Ihre Verwertbarkeit ist allerdings dadurch eingeschränkt, daß sie auf dem Stand der damaligen psychiatrischen Kenntnisse beruht; jedoch kommt das Wesentliche der „Seelenstörung" Johannas von Kastilien heraus, die Schilderung Birds erlaubt somit eine eindeutige Diagnose.

Friedrich Ludwig Heinrich Bird (1793-1851)[25] war nach dem Zerwürfnis mit Jacobi, dem damaligen Direktor der in Europa hoch angesehenen Heil- und Pflegeanstalt Siegburg/Bonn, vorzeitig in den Ruhestand getreten und nutzte diesen zu wissenschaftlichen Arbeiten. Wenn in jüngster Zeit kompetente Psychiater einige Zeit lang entschieden die Meinung vertraten, daß die Bedingungen der Armut das Heraufkommen von Geisteskrankheiten fördere – man berief sich hierbei auf Untersuchungen nordamerikanischer Soziologen –, so hat Bird ähnlichen Gedankengängen schon vor hundert Jahren gehuldigt: In den einleitenden Sätzen seiner Abhandlung über die „Geschichte der Seelenstörung Johannas von Kastilien" heißt es, daß „in den geringeren und niedereren Klassen die Geisteskrankheiten häufiger" seien als in den höchsten, da nämlich „in jenen die schädlichen Einflüsse und die bedingenden Ursachen häufiger einwirken als in letzteren[26]".

Bird hat französische, lateinische und spanische Geschichtsstudien verwertet; jedoch konnte er nicht auf ärztliche Berichte zurückgreifen, da die Königin „remedus medicinae inimica" gewesen war. Es habe auch den Anschein – so Bird – als hätten mehrere zeitgenössische Autoren nicht gewagt, „die Krankheit der Königin beim rechten Namen zu nennen". – Bird schreibt, daß Johanna, obwohl hochschwanger – sie gebar vier Monate nach dem Tod des Mannes am 14. Januar 1507 in Torquemada ihre Tochter Katharina, die spätere portugiesische Königin –, nicht vom Bett des heftig geliebten Mannes gewichen sei. Nach seinem Tod habe sie „die Leiche nicht von sich lassen" wollen. Später habe sie endlich eingewilligt, den Leichnam ihres Mannes in dem Kartäuserkloster Miraflores bei Burgos beizusetzen, wo sich die Gräber ihrer Großeltern mütterlicherseits befanden, nämlich Johanns II. von Kastilien (1407-1454) und seiner Frau Isabella von Portugal, „die in geistiger Umnachtung verstarb und in vielem ihrer Enkelin Johanna gleicht, die an der gleichen Erkrankung litt."

Dann heißt es bei Bird weiter: Kurze Zeit später wanderte Johanna nach Miraflores, ließ das Grab öffnen „die erste Weigerung hatte sie heftig erregt und unter den wildesten Drohungen verschaffte sie sich Gehorsam", man mußte sogar den Sarg öffnen, man tat, was sie wollte, um sie nicht weiter zu erzürnen, schon der Schwangerschaft wegen. Die „ganz entstellte Leiche" mußten dann mehrere Personen ansehen, „ob sie die echte sei; sie selbst betastete mehrere Male die Leiche, ohne zu seufzen oder eine Träne zu vergießen". Sie erschien ganz ruhig und befahl, den Sarg zu schließen und mit weichen Decken zuzudecken. Es gefiel jedoch Johanna nicht lange in Burgos – denn sie war „völlig unempfänglich geworden für Vernunftgründe" – und sie wanderte zurück nach Miraflores, holte sich den Sarg ihres Mannes; wider alle Vernunft blieb sie in dem Flecken Torquemada, wo sie nach zwanzig Tagen am (14.1.1507) ihre Tochter zur Welt brachte. „Die verwirrte Johanna ließ dabei keine Weiber um sich" und „von Ärzten wollte sie nichts wissen."

Man habe – so Bird – gehofft, daß sich nach der Niederkunft der Zustand der Königin bessere, jedoch „nahm der melancholisch-verrückte Zustand zu". Niemanden habe sie sehen wollen, habe nur in ihrem Zimmer gesessen, sei nur in die Kirche gegangen, um „dem Leichnam ihren Besuch abzustatten", sie habe dies oft getan. Den Kopf habe sie mit einer Kapuze ganz verhüllt, darüber habe sie ein großes schwarzes Kleid getragen: darüber habe ein wiederum großes Tuch gehangen; so sei sie ganz verhüllt gewesen. Sie habe jedoch nie mehr geweint oder geklagt, denn zu Lebzeiten ihres Mannes habe sie sich „ausgeweint".

Als die Seuche von Burgos auch auf Torquemada übergriff wanderte Johanna nach dem nahen Hornillos weiter. Nach Pfandl sei es eine Geschichtslegende, daß die Königin mit dem Leichnam durch ganz Spanien kreuz und quer gezogen sei, sie sei nur „auf einem kleinen Fleck" umhergezogen, keiner der Orte sei vom anderen weniger als 15 Meilen entfernt[27]. Er stimmt hier fast wörtlich mit v. Höfler überein, der schon 1885 geschrieben hatte, daß die Darstellung eines Zuges der geisteskranken Königin durch Spanien mit der Leiche ihres Gemahls „zu den vielen Fiktionen der Maler und Romanschriftstellern" gehöre[28].

Ihre Reisen gingen immer nur bei Nacht vor sich: In ihrer Schwangerschaft wurde Johanna hinter dem Toten in einer Sänfte getragen; Fackelträger zu Fuß oder zu Pferd, Bewaffnete und betende Mönche begleiteten den düsteren Zug. Tagsüber bahrte man die Leiche in Kirchen oder Klöstern auf, umstellte sie mit zahlreichen Wachen, die vor allem darauf zu achten hatten, daß sich keine Frau dem Sarg näherte. Aus diesem Grunde mied die Königin alle Nonnenklöster. Einmal habe sie deshalb mit Leichnam und Gefolge eine Nacht auf offenem Felde „campiert", sie konnte das nahe Kloster nicht benutzen, weil es ein Frauenkloster war[29].

Johanna nahm die Leiche ihres Mannes mit nach Tordesillas[30], der Sarg wurde in der nahen Kirche von Santa Clara so aufgestellt, daß Johanna von ihren Gemächern aus jederzeit ihn erblicken konnte.

Aber auch hier in dem Schloß suchte sich Johanna das düsterste und unbequemste Zimmer aus, duldete vor allem nicht, daß man dieses reinigte. Aus irdenem Geschirr habe sie gegessen und weder Kleider noch Wäsche gewechselt. Mit ihren Katzen habe sie „die lächerlichsten Kämpfe bestanden", davon sei das Gesicht der Königin oft ganz zerkratzt gewesen[31]. In Tordesillas sei bei Johanna ihr „melancholischer Zustand bereits in Blödsinn übergegangen".

Hier folgt Bird den Anschauungen der Psychiatrie seiner Zeit, die jede Seelenstörung mit einer Melancholie beginnen sahen. Der Anstaltspsychiater Snell trug erstmalig auf der Deutschen Naturforscherversammlung – vom 18.-22. 9.1865 in Hannover – seine acht Fälle einer primären Form der Seelenstörung, also nicht mit einer Melancholie beginnend, vor.

Der damalige Psychiatrie-Papst Griesinger war unter den Zuhörern; was er hier vorgetragen bekam, warf seine Krankheitslehre um. Er hatte als zweiter Arzt in der damaligen Heil- und Pflegeanstalt Winnenthal (Winnenden) unter Zeller gearbeitet, von diesem den Begriff der Einheitspsychose übernommen und in seinem Lehrbuch „Die Pathologie und Therapie der psychischen Krankheiten" (Stuttgart; Enke, 1845) niedergelegt: Die Grundformen aller Seelenstörungen, nämlich Melancholie, Manie, Verrücktheit und Blödsinn, mit ihren Abweichungen und Übergängen, seien alle als Stadien eines Krankheitsprozesses aufzufassen. Für Griesinger waren Melancholie und Manie mit den Unterformen Tobsucht und Wahnsinn grundsätzlich heilbare, affektartige Zustände von primärem Charakter. Nur das Voranschreiten des Krankheitsprozesses zu den sekundären Schwächezuständen der Verrücktheit und des Blödsinns lasse das Irresein zur unheilbaren Krankheit werden[32]. So ist hier Birds Satz zu verstehen, daß Johanna von Kastiliens „melancholischer Zustand bereits in Blödsinn übergegangen" war.

Der allgemein übernommenen Auffassung Griesingers hatte Snell seine acht Fälle einer „primäre Verrücktheit" gegenübergestellt[33].

Unter diesen acht Fällen beschrieb Snell zwei einer solchen primären Form der Seelenstörung, die er außerhalb seiner Anstalt beobachtet hatte. Ihr Endzustand war nämlich der gleiche, war also nicht Folge eines repressiven „Hospitalismus" wie er heute landauf und landab den Krankenhauspsychiatern angelastet wird.

Während Griesinger die zweite Auflage seines Buches weitgehend umgearbeitet hatte, wenn auch kein ganz neues Werk entstanden war, so konnte er die 3. Auflage, wie er im Vorwort Mai 1867 schreibt, den neuen Erkenntnissen, die er bestätigen mußte, nicht mehr anpassen. Denn er war mit der Herausgabe seines „Archivs" stark beschäftigt und begann auch den Streit mit den von ihm weidlich gehaßten Anstaltspsychiatern.

Erst einige Jahre nach ihrer Umsiedlung nach Tordesillas – von ihrem Vater durchgesetzt – war Johannas Geistesumnachtung so weit fortgeschritten, daß sie den Toten vergaß – so Bird – und man Philipp den Schönen, entsprechend seinem letzten Wunsch (mit letztwilliger Verfügung wünschte Philipp „im königlichen Erbbegräbnis von Granada zu ruhen"), in Granada beisetzte[34]. Birds Wort „vergessen" trifft allerdings nicht den seelisch-geistigen Zustand dieser Kranken. Jeder Anstaltspsychiater, der seine Kranken jahrzehntelang behandelt, begleitet und beobachtet hat, stellt eines Tages überrascht fest, daß sie überwertige Wahnideen, von ihnen viele Jahre hindurch besessen vertreten, von einem Tag auf den anderen – man weiß nicht warum, wieso, weshalb – fallen gelassen haben. Im Jargon des Krankenhauses sagt man, sicherlich als Ausdruck eines Bemühens, sich Unfaßbares verstehbar zu machen, sie schreiten zu neuen Ufern.

Wann der Leichnam von Tordesillas entfernt wurde, ist nicht genau festzustellen. V. Höfler berichtet folgendes: Als am 5. Dezember 1520 Tordesillas von Anhängern Karls V. zurückerobert wurde – vom 24. August bis zum 5. Dezember 1520 waren die Aufständischen Herren der Burg gewesen – ging die Königin in der allgemeinen Verwirrung mit der Infantin Katharina und einem Juwelenkästchen in die Kirche von St. Clara und befahl, die Leiche ihres Mannes auf einen Wagen zu setzen. Es war aber nicht möglich, diesen Befehl auszuführen. Später heißt es bei v. Höfler, daß die Leiche der Königin an der gleichen Stelle aufgebahrt wurde, wo so lange der Sarg ihres Gemahls gestanden habe. Dieser sei später auf Befehl Karls V. in die königliche Kapelle nach Granada gebracht worden. Wann dies geschah, ist nirgends gesagt. Der seelisch-geistige Zerfall der Königin muß zu diesem Zeitpunkt weiter fortgeschritten gewesen sein, daß die Wegnahme des Sarges ihres Gatten sie nicht mehr berührte.

Nach v. Höfler erhielt, was zu erwähnen ist, Philipp der Schöne kein Begräbnis, solange sein Schwiegervater und Feind Ferdinand I. (er verstarb am 23. Januar 1516) lebte[35].

Hingegen hat Karl V. – als König von Spanien, Karl I. – als eine seiner ersten Handlungen auf spanischem Boden einen feierlichen Gottesdienst für seinen Vater angeordnet. – Sechs Ritter des goldenen Vließes[36] trugen die

Bahre, Karl V. und der ganze Hof wohnten dem Gottesdienst bei[37].

Wenn nach Pfandl verschiedene Zeitgenossen von Johanna wissen wollten, sie sei von der „fixen Idee besessen" gewesen, ihr Gemahl Philipp der Schöne sei von neidischen Weibern durch Hexenkünste zeitweise scheintot gemacht worden, jedoch werde er nach einer gewissen Frist wieder lebendig, Johanna aber in ständiger Furcht gelebt habe, diesen Augenblick könne sie versäumen, so wäre diese Vorstellung zum Teil aus dem Hexen- und Aberglauben ihrer Zeit zu verstehen:

Ein so freiwirkender Geist wie Paracelsus blieb in manchen Bereichen der magisch denkende Mensch des Mittelalters, der also noch an Hexen und ihr Unwesen glaubte: in den beiden ersten Kapiteln der „Philosophia magna" behandelt Paracelsus das Thema der Hexe und der Besessenheit durch den Teufel[38].

In Ärztekreisen ist wenig bekannt, daß im Gesamtwerk des Paracelsus seine theologisch-religionsphilosophischen Schriften einen wesentlichen Teil ausmachen. Kurt Goldammer brachte diese teilweise zum ersten Male 1952 heraus[39].

In seiner Zeit z.T. noch verhaftet, schrieb der Arzt, Botaniker, Mineraloge und religiöse Sozialreformer Paracelsus auch ein Buch über die Geister der vier Elemente (Nymphen, Pygmäen, Salamander und Sylphen). Er glaubte an Hexen, die auf dem Besen zum Blocksberg ritten. Man vergißt heute leicht, daß der Anstieg der Hexenverfolgungen wie auch der Beginn des wissenschaftlichen Zweifelns zum Wesen der Renaissance gehören. Die Auflösung der mittelalterlichen Gesellschaft erfüllte damals die meisten Menschen mit panischer Angst und trieb die Verteidiger des Alten zum

irrationalen Gegenangriff gegen den Teufel und seine
Handlanger. Der Hexenhammer der Dominikaner
Heinrich Krämer und Jakob Sprenger war erst 1486
erschienen. Zwei Jahrhunderte vorher im „finsteren
Mittelalter" hätte er nicht erscheinen können. Man soll
sich hierbei in Erinnerung rufen, daß noch 1388 die
theologische Fakultät der Sorbonne in Paris achtund-
zwanzig Artikel gegen den Aberglauben und den Glauben an Hexen erließ, weil durch das Überhandnehmen
dieser abgöttischen Irrtümer „das allerchristlichste
Reich in Gefahr kommen könnte[40]". Nach Ackerknecht glaubten gerade die berühmtesten Ärzte zur Zeit
Johannas von Kastilien wie Paré, Johannes Lange oder
Fernel an Hexen, also „an diesen blutigen Unsinn[41]".
Warum sollte also Johanna die Wahnsinnige nicht an
die Verzauberung ihres Mannes durch Hexen glauben?
Zumal man von ihrem Schwiegervater, dem Kaiser Maximilian I., dem letzten Ritter, erzählte, daß er alle Jahre bis zu seinem Tode nie ohne Tränen seiner so jung
verstorbenen Frau Maria von Burgund habe gedenken
können und daß er den in geheimen Künsten erfahre-
nen Abt Trithemius gebeten habe, Maria aus dem To-
tenreich heraufzurufen. Maria sei wirklich gekommen,
jedoch sei der Kaiser davon so erschüttert gewesen, daß
der Abt das Experiment habe abbrechen müssen[42].
Warum also sollte – um die Frage zu wiederholen –
seine Schwiegertochter Johanna von Kastilien nicht an
die Wiedererweckung ihres Mannes glauben?

Auf der anderen Seite: Jeder Psychiater weiß um solche
wahnhaft-magischen Vorstellungen seiner Kranken, die
z.B. nicht glauben, daß ihr schon seit Jahren begrabenes
Kind tot ist; es müsse nur erweckt werden. Auch heute
noch sind solche Vorstellungen durchaus geläufig. Und
unter einer Decke von Aufgeklärtheit liegt eine Fülle

von magisch-primitiven Gedanken, so daß man nur immer wieder sagen kann, der Aberglaube blüht nach wie vor, vielleicht nur in diskreterer Form. Daran ändert auch nichts, daß die Wahnvorstellungen der offensichtlich Wahnkranken gespeist werden von den Vorstellungen ihrer Zeit. Für Johanna die Wahnsinnige gilt somit, daß ihr magischer Wunschgedanke, ihr verstorbener Gemahl werde nach einer gewissen Zeit wieder lebendig werden und sie dürfte diesen Augenblick keineswegs versäumen, letztlich doch gespeist war von ihrem krankhaften Innenleben.

Ihr seelisch-geistiges Befinden hatte sich um 1512 etwas stabilisiert. Bird meint, der neue Hofmeister, der Herzog von Talavera, habe Johanna mit Eifer studiert und von ihrem „früheren Leben" sei nur der Ehrgeiz übrig geblieben – diesen habe er mit gutem Erfolg für die kranke Königin gepflegt.

Die Geisteskrankheit Johannas hatte entscheidende geschichtliche Konsequenzen: Heinrich VII. von England wollte sie heiraten, ganz gleich, ob sie geistig gesund sei oder nicht, sie habe sich als fruchtbar erwiesen, dies sei entscheidend. Ihr Vater Ferdinand von Aragonien hatte nichts dagegen, zumal sie ihm schon die Regierungsgewalt ohne Einschränkung überlassen hatte, obwohl seine jüngste Tochter Katharina von Aragonien, also eine Schwester Johannas, bereits die Witwe eines Sohnes von Heinrich VII., auch schon als Braut für den zukünftigen Heinrich VIII. bestimmt war. Doch Johanna wehrte ab, man möge sie zu keinem Entschluß drängen, solange sie ihren bisherigen Gemahl nicht begraben habe. „Der Wahn, es könne ihr geliebter Toter noch einmal lebendig werden, hat sie glücklich vor einem ähnlichen Martyrium bewahrt", wie es auf ihre Schwester Katharina und deren Tochter Maria

Tudor zukam. Denn Maria Tudor, die Blutige (1516-1558), heiratete 1554 Philipp II. von Spanien – die Nichte Johannas der Wahnsinnigen heiratete somit den Enkel Johannas. Es war die zweite Ehe Philipps II. von Spanien, sie blieb kinderlos.

Als ihr Vater Ferdinand von Aragonien durch den Tod Heinrichs VII. sein englisches Heiratsprojekt vereitelt sah, entschloß er sich 1508, Johanna im festen Schloß von Tordesillas zu internieren. Vorher lebte sie mit ihrem Gefolge und dem Leichnam in Fornellis bzw. Arcos[43], zunehmend in ihre Geisteskrankheit versinkend, nur unterbrochen von plötzlichen Erregungszuständen, in denen sie mit allen erreichbaren Töpfen und Näpfen nach ihren Kammerfrauen warf.

Steht aber die Geisteskrankheit Johannas ohne Zweifel fest? Michaele Prawdin (eigentlich: Charol-Prawdin, Michael, geb. 20.1. 1894 in Tatarka/Rußland, Kritiker für Berliner Zeitungen, lebte in London, schrieb dann geschichtliche Werke) veröffentlichte 1953 ein Buch mit fast 300 Seiten[44], um nachzuweisen, daß Johannas Eigenartigkeiten nur die Reaktion auf das ihr zugefügte Leid gewesen seien: Ihr Vater und ihre Mutter hätten sie als Kind an Philipp den Schönen von Burgund sozusagen verkauft, Ehemann und Vater hätten später sie des Erbes und Thrones beraubt und sie durch ihre Internierung vor aller Welt abtrennen wollen. Und ihr Sohn Karl V. habe um des spanischen Erbes willen diese Internierung seiner Mutter, der rechtmäßigen Königin von Kastilien, beibehalten und sie höchstens vor Gewaltanwendungen bewahrt.

Das laufend Zwiespältige und letztlich auch Unsichere Prawdins bricht immer wieder durch, da diese Königin Kastiliens doch nicht so geistesgesund war, wie er sich über viele Seiten darzustellen bemüht. So geht er auf Seite 193 auf den deutschen Gelehrten Bergenroth ein, dem das Verdienst zukomme, in den sechziger Jahren des vorigen Jahrhunderts die Chiffre der spanischen Staatspapiere jener Zeit entziffert und diese ganze Korrespondenz ans Tageslicht gebracht zu haben: Johanna sei eine Häretikerin gewesen.

Schon Pfandl – den übrigens Prawdin in seinem Literaturverzeichnis aufführt und auch zitiert – war 23 Jahre vorher auf die Fehldeutung des „sonst verdienstvollen Archivforschers G. A. Bergenroth" eingegangen: nach ihm sei Johanna das bedauernswerte Opfer von Herrschsucht und Fanatismus geworden, ihr Sohn habe sie nie besucht, da sie heimlich dem Protestantismus angehangen habe. Man fragt sich: dies 10 Jahre vor Luthers Auftreten[45]?

Eine einfache Frage soll zuerst beantwortet werden: hat ihr Sohn Karl V. sie nie besucht? Als Karl 1517 nach dem Tod seines Großvaters Ferdinand von Mecheln aus – wo er unter Führung der klugen Margarete von Österreich, der Schwester Philipps des Schönen, aufgewachsen war – nach Spanien kam, suchte er vor allen offiziellen Huldigungen des Landes seine Königinmutter in Tordesillas auf, zusammen mit seiner zwei Jahre älteren Schwester Eleonore. „Am 4.11.1517 haben die beiden fürstlichen Kinder auf dem hoch gelegenen Schloß in Tordesillas zum ersten Male ihre Mutter gesehen. Des Spanischen nicht mächtig, redete Karl seine Mutter in französischer Sprache an. Jedoch erfahren wir nicht, was Karl dabei empfand[46]."

Vor jeder Reise aus Spanien nahm Karl V. Abschied von seiner kranken Mutter in Tordesillas[47]. Sogar Prawdin schreibt, daß Karl später selber mehrmals nach

Tordesillas gekommen sei, um seine Mutter zu besuchen, er habe sogar Frau und Kinder zu Besuch kommen lassen. Jedoch heißt es einen Satz vorher bei Prawdin, daß Karl „um der Krone willen" seiner Mutter das schwerste Schicksal – eben ihre lebenslängliche Internierung – bereitet habe[48]. Wie reimt sich dies alles?

Wird ein solches vernichtendes Urteil Karl V. irgendwo gerecht? Auch er hat sich entwickeln müssen, zuerst noch geleitet von den ihm nahe gebrachten altburgundischen Vorstellungen des Ruhmes, aber auch der Ehre, dann jedoch zunehmend an und mit seinen Aufgaben reifend, wobei sein Selbstwertgefühl mehr und mehr von einem religiösen Pflichtgefühl gezügelt wurde. In seinen später berühmt gewordenen Instruktionen für und an seinen Sohn Philipp II. vom 4. und 6. Mai 1543 trifft man auf einen Menschen auf der Höhe einer bewundernswerten Reife. Und zwölf Jahre später legt er, wenn auch vorzeitig verbraucht, jedoch schon drei Jahre vor seinem Tod, alle Kronen seines Reiches nieder, um sich in einen nicht großen Palast bei dem Kloster San Yuste zurückzuziehen und dort zu sterben. In einer seiner früheren Verfügungen hatte er angeordnet, mit der Kaiserin in Granada begraben zu werden. In San Yuste hatte er in den letzten Augusttagen 1558 vor seinem Tod ihr von Tizian gemaltes Bild in Händen gehalten: die von ihm geachtete und geliebte Frau, mit ihrem edlen Gesicht und den blauen Augen und dem nußbraunen Haar und ihrer gedankenvollen Schönheit. Zuletzt wollte er mit der Kaiserin vereint in San Yuste unter dem Hochaltar liegen. Hier das von Tizian gemalte Bild aufzustellen, hatte er noch angeordnet: Inmitten der Geborgenen, schon der Anschauung Gottes gewürdigt, hatte sich der Kaiser mit der verewigten Gemahlin, beide von Engeln geleitet, anbetend und schon im Zustand der Verklärung - die abgelegte Kaiserkrone zu Füßen -, darstellen lassen. Ein großartiges Zeugnis für Karls V. innere Würde, seine Glaubenskraft und seine Glaubenszuversicht. Das kleine Kruzifix, das die Kaiserin mit ihren sterbenden Fingern umklammert hatte, ließ sich Karl V. in seiner Todesstunde zusammen mit der im Kloster von Montserrat geweihten Kerze bringen, drückte das Kreuz an seine Brust: „Jetzt Herr gehe ich" ('Ja, voy, Senor'). Für seinen Sohn Philipp II., der als größter König Spaniens gilt, war der Vater ein Gegenstand fast abgöttischer Verehrung. Nach der Grundsteinlegung des Escorial (23.4.1563, vollendet um 1583), ließ er seine Eltern schon 1574 in diesen Klosterpalast bringen. Und wie sein Vater stirbt auch Philipp II.: Priester stützten seine durch die aufbrechenden Gichtknoten und die Furunkulose blutig gewordenen Hände; in der einen hält er das kleine Kruzifix seiner Eltern, in der anderen eine ebenfalls im Kloster Montserrat geweihte Kerze. Seine beiden vertrautesten Kammerherren entkleideten und wuschen den toten König, zogen ihm ein frisches Hemd an und legten ein reines Tuch über den Körper. An einer einfachen Schnur um den Hals des Königs befestigte man das kleine Kruzifix. - Wird Prawdin mit seiner Unterstellung einem Karl V. in bezug auf seine mit Geisteskrankheit geschlagene Mutter in irgend einer Weise gerecht? Man muß dies nachdrücklich verneinen. - Und Prawdin selbst hält nie seine These von der geistigen Gesundheit der Johanna ganz durch: er spricht sogar im Nachwort von der „tollen Verliebtheit und wütenden Eifersucht einer leidenschaftlichen jungen Frau", die durch ihre Liebe in eine neue Welt des Rausches und der Festlichkeiten gerissen worden sei, das spanische Volk singe noch heute von ihr, sie sei die „Juana la Loca, loca de amor - Johanna die Wahnsinnige, wahnsinnig aus Liebe"; in ihrer Auseinandersetzung mit ihrer von staatspolitischem Pflichtgefühl erfüllten Mutter habe bei ihr eine „sinnlose Leidenschaft" bestanden, die „junge Frau habe nichts von der Welt und von ihren Pflichten als Königin" gewußt.

Die Verharmlosung der schweren Geisteskrankheit durch Umdeutung mittels weniger schwerwiegenderen Bezeichnungen kann man durch das ganze Buch Prawdins verfolgen: Nach den schweren Erregungszuständen Johannas im Schloß von de la Motta sei diesem „Ausbruch die Depression gefolgt". Das von Johanna gezeigte Verhalten findet man jedoch niemals bei Depressionen, auch nicht schwerster Art (z.B. bei den agitierten Depressionen). Wenn der zuletzt wie hilflos wirkende Philipp der Schöne durch Martin de Moxicas ein Tagebuch anlegte, um die Unbegreiflichkeiten seiner Frau Johanna ihren Eltern nahe zu bringen, so deutet Prawdin alle Absonderlichkeiten seiner Heldin – seine Darstellung sollte sich so gut wie ein Roman lesen – als ihre Versuche, ihren Mann, den „sie bis zum Übermaß liebte" (S. 68), wieder für sich zu gewinnen. Denn die Liebe Johannas sei anders geworden, nämlich „wilder, eifersüchtiger, mit Haß gegen alles vermischt, was ihr ihren Mann rauben könnte", – hier wird nur versucht, die psychotisch bedingte Ausschließlichkeit für „normal" zu erklären oder zu deuten –. Wenn Prawdin immer wieder ihren passiven Widerstand erwähnt, ihre stärkste Waffe, „in der sie unbesiegbar war", so verkennt er normale und psychotische Reaktionen. Insofern er später von der Legende, nämlich „der düsteren Glorie des Wahnsinns bei Johanna" spricht, auch äußert, ein moderner Psychiater könnte anhand der Zeugnisse eine „lückenlose Entwicklung des Prozesses" geben, jedoch nur „scheinbar", trifft er sich mit unendlich vielen Geisteswissenschaftlern oder Schriftstellern, die den Psychiater als einen Menschen einschätzen, der Jagd auf Geisteskranke macht oder Normale anhand von Symptomen zu Geisteskranken abstempelt. Es ist die uralte Erfahrung von Psychiatern, daß man bei harmlosen Gesprächen von Kranken ganz klare und vernünftige Antworten bekommen kann, jedoch bei gezielterem Befragen dann das Verworrene – oft zum höchsten Erstaunen der Umgebung und jüngerer Psychiater – heraussprudelt. Aber auch: Verrücktsein heißt keineswegs schlechthin Verrücktsein bei allem, sondern oft nur in bezug auf dieses oder jenes. Dabei ist „Verrücktheit" wahrscheinlich eine erst seit Kant gebräuchliche Bezeichnung für Geisteskrankheit. Kant verwendete die „Verrücktheit" nur für eine bestimmte Form einer Geisteskrankheit, bei der nämlich eine „Verkehrtheit der Erfahrungsbegriffe" besteht, welche die Urteilsfähigkeit nicht beeinträchtige. Somit können nach Kant „die Urteile des Verrückten ganz richtig, ja vernünftig sein[49]". Man fragt sich im nachhinein, aus welcher Quelle hier Kant geschöpft hat. Er war ein guter Beobachter der Natur, der sogar Vögel nach ihrem Gesang unterscheiden konnte. Doch sein großes Interesse für „neue Systeme und Erfindungen in der Medizin" hatte seine Ursache vor allem darin, daß er sorgfältig auf die Erhaltung seiner Gesundheit bedacht war, wie Wasianski als sein Betreuer in den letzten Jahren der Nachwelt mitteilte[50].

Wenn ihr Vater Ferdinand – über den Prawdin ausführt, daß er weder Mitleid noch Mitgefühl gekannt, sich nicht um das Schreien und Toben seiner Tochter bekümmert habe, da er Politik habe betreiben müssen –, sie am 15. Februar 1509 von Arcos nach dem festen Tordesillas habe bringen lassen, dann habe er sie „in eine Festungshaft geführt, die sie nie mehr in ihrem Leben verlassen sollte und aus der sie nach 47 schweren, langen Jahren und schließlichem Wahnsinn (! der Referent) nur der Tod erlöst" habe.

Vor allem jedoch: Das Zurückdrängen psychotischer Erlebnisse, manchmal sogar ihr Verschwinden nach einer gewissen Zeit, ist jedem Psychiater etwas Alltägliches und Geläufiges. Man kann von einem Selbstheilungsakt des Organismus sprechen. Seit Jahrzehnten war in Fachkreisen schon bekannt, daß es nur in seltenen Fällen zum personalen Auslöschen eines Menschen durch einen oder zwei dann ganz schwere Krankheitsschübe gekommen war. Die gehören somit zu jenem Viertel der Fälle, die auch hospitalisiert bleiben müssen. Ihnen stehen die günstigen Verläufe gegenüber, die in der Regel sozial gesehen ausheilen. Und die Hälfte der übrigen sind mehr oder minder leidlich gebessert. Die Erkenntnisse der letzten Jahre zeigten somit, daß die Heilungschancen der endogenen Geisteskrankheit, die man unter Beachtung, daß jedes System der Psychiatrie heute immer noch ein Provisorium ist, schizophrene Psychose nennt, bessere sind, als man früher beim Fehlen von Langzeitbeobachtungen schließen mußte.

Aber auch: Es gibt eben schizophrene Psychosen, die sich in immer neuen Schüben zeigen und dann zu jenen Endzuständen führen, die sogar psychiatrische Laien als krankhaft erkennen. Somit galt schon seit Jahrzehnten, daß niemals ein solcher Kranker immer als „verrückt" zu erscheinen braucht. Wenn Besucher die Königin als nicht geisteskrank fanden – offensichtlich jedoch nur in den ersten Jahren ihrer seelisch-geistigen Zerrüttung –, so trifft dieses Urteil zu, vor allem, wenn man sich nur kurz mit ihr befassen und unterhalten konnte. Denn solche Kranken können auch dissimulieren, also ihre seelisch-geistige Störung vor anderen verbergen. Kaum jedoch gilt dies für ihre nächste Umgebung. Auch unter diesem Gesichtspunkt muß man das sicherlich schwere Amt derjenigen Personen betrachten, denen Fürsorge und Betreuung der geisteskranken Königin übertragen worden war. Es ist abwegig, sie – nach Prawdin – als „Kerkermeister" zu titulieren.

Noch ein Wort zu den heutigen modischen Wellen der Antipsychiatrie: Teils werden sie getragen von Menschen, die um jeden Preis im Rampenlicht stehen wollen, was man aus ihren anmaßenden und vorwitzigen Formulierungen schließen kann, zum anderen von Menschen, die ihre eigene Problematik abreagieren wollen. Daß in die Psychiatrie oft Menschen um ihrer Selbsttherapie willen drängen, findet man nicht gerade selten; nicht umsonst liegt die Suizidrate der Psychiater in den USA um ein Fünffaches über derjenigen der Ärzte, die in den USA sowieso schon doppelt über dem Durchschnitt der Suizide liegt. Dabei ist sicherlich die Dunkelziffer hoch, da Ärzte es seit jeher gut verstanden, die Beendigung ihres Lebens zu verschleiern. Nach C. L. Schleich konnte nur Virchow bei dem plötzlich verstorbenen Berliner Chirurgen Wilms bei der Sektion die Art des Freitodes klären: Wilms hatte sich – müde der ewigen Reibereien mit der Krankenhausverwaltung von Bethanien – mit dem halbkreisgekrümmten Tenotom, einem kleinen Messer, vom Munde her die große Schlagader des Halses durchschnitten. Wegen des großen, tödlichen Blutergusses glaubte man, er sei an einer Magenblutung gestorben. Bei der Obduktion entdeckte Virchows Scharfblick den kleinen Schnitt im Rachen und klärte somit die Sachlage[51].

Vor allem muß man bei den modischen Antipsychiatern den Rückfall in moralisierende Darstellungen bedauern, den man seit Griesinger überwunden zu haben geglaubt hatte – ein Trugschluß.

Und noch bei einer anderen späteren Gelegenheit zeigte sich, welche weittragenden Folgen die Geisteskrankheit dieser Königin von Kastilien bewirkte:

Die Bewegung der Comunero, hervorgerufen durch die Wahl Karls V. zum deutschen Kaiser – er mußte also aus Spanien wegziehen –, die Ausländerwirtschaft des niederländisch-burgundischen Adels, der mit Karl 1517 nach Spanien gezogen war, die erhebliche Geldverschwendung mit der Hofhaltung und die wiederholte Wortbrüchigkeit des Königs, der nicht einmal gut spanisch sprach, zielte keineswegs auf die Errichtung einer Republik, sie wollte vielmehr notwendig erkannte Reformen durchsetzen und den drohenden königlichen Absolutismus in bestimmte konstitutionelle Bahnen zurückdämmen.

Jedoch gerade bei der Darstellung dieses Aufstandes der Comuneros wird Prawdin nicht müde, die geistige Gesundheit Johannas von Kastilien darzulegen: sie sei von der heuchlerischen und intriganten Umgebung getäuscht worden, denn „Johanna hörte sich zwar alles an, unterschrieb jedoch kein Schriftstück", obwohl die Aufständischen jedes Mittel versuchten – auch Prawdin muß dies ausführen –, wie die Inszenierung der Erstürmung der Burg von Tordesillas: Johanna möge sofort den Befehl unterschreiben, daß die Belagerer die Waffen niederlegten. Man will „den Starrsinn" (so Prawdin – der Referent) dieser Frau brechen und läßt sie einige Tage hungern – vergebens. Denn – so wiederum Prawdin – man habe noch nie durch Zwang ihren Widerstand gebrochen. Auch Exorzismen helfen nicht, „den bösen Geist aus ihr auszutreiben". Und im Nachwort hebt Prawdin seine ganzen Bemühungen, die seelisch-geistige Gesundheit Johannas nachzuweisen, selbst auf. Denn historisch gesehen handele es sich nicht darum (! – der Referent), „ob sie durch die ihr widerfahrene Behandlung und Einkerkerung in den Wahnsinn getrieben wurde, oder ob sie die Keime zum Wahnsinn bereits in sich trug" – wo ist hier eine Alternative? Es ist Laienmythologie anzunehmen, daß man auch durch Einsperrung wahnsinnig werden könne. Es ist ein uraltes Vorurteil, wenn man Menschen wegen einer beginnenden Geisteskrankheit in eine sogenannte Anstalt bringt und sie dort wegen des eigengesetzlichen Fortschreitens dieser Erkrankung weiter absinken, daß man diesen naturgesetzlichen Ablauf der „Einschließung" anlastet.

Nochmals zurück zu Johanna und dem Aufstand der Comuneros: Es gelang dem Führer der Aufständischen Lorenzo de Padilla, die Feste Tordesillas im Handstreich zu nehmen. Er beugte in alter Ehrerbietung das Knie vor der „kranken Königin", die freundlich nickte und „anscheinend geduldig die Reden der Männer" anhörte. Jedoch jeder Versuch, sie zum Handeln zu bewegen, ja auch nur eine Unterschrift von ihr zu erlangen, „zerbrach an ihrem Zustand. Sie fiel bald in das hoffnungslose eigene Dunkel zurück[52]".

Wie heißt es bei Pfandl?

Die Aufständischen fielen vor ihrer Königin auf die Knie, sie „halten ihr Schriftstücke, Tinte und Federkiel unter die Augen und bestürmen sie mit flehentlichen Blicken, aber sie schaut über ihre Köpfe hinweg und sucht mit leerem Blick eine unbestimmte Ferne". Auch ein Versuch zuletzt, daß mehrere Priester die arme Königin exorzierten[53] um sie von der Gewalt des in sie gefahrenen bösen Geistes zu befreien, mißlang. Alles ist umsonst, „Johanna beharrt in Teilnahmslosigkeit und tatenloser Resistenz[54]".

Auch hier kann man sagen: Geisteskrankheit macht auch Weltgeschichte. Denn nur mit einem Federstrich hätte die Königin aus dem Haufen von Rebellen – eben nach dem Gesetz – eine legitime Regierung gemacht. Mit der Niederlage der Comuneros auf dem Felde von Villalar, nahe Toro, am 23. April 1521 ist das habsburgische Königtum endgültig befestigt, ist aber auch das Scheinkönigtum der geisteskranken Johanna für immer erloschen[55]. Jedoch wurden die königlichen Erlasse immer noch bis zu ihrem Tode in ihrem Namen und im Namen des Königs Karl I. gefertigt, wie auch Goldmünzen und Medaillen ihr und ihres Sohnes Bildnis tragen[56].

In einer Zeit des Einbruches psychologisierender Vorstellungen in der Psychiatrie gilt festzuhalten, daß noch kein Mensch schlüssig nachweisen konnte, daß durch eine Internierung ein „Wahnsinn" bewirkt worden ist. Diese normalpsychologischen Deutungen sind nichts anderes als Spekulationen, führten sich gerade in unserer Zeit in Italien zum Absurden, daß der Begriff einer Geisteskrankheit aus dem italienischen Strafgesetzbuch gestrichen wurde – es wird auch weiterhin, solange Menschen leben, Geisteskranke geben, auch in Italien, die man heute mit der Bezeichnung Schizophrene zu erfassen versucht. Aber auch: Immer wieder werden solche Deutungen gebracht werden, immer wieder werden Anstalten und psychiatrische Kliniken, welche neue Bezeichnungen ihnen man auch zu geben sich bemüht, von diesem Hauch des Irrationalen und Zu-Befürchtenden umgeben sein. Prawdin ist der Historie genug verbunden, um eben nicht ganz den „Wahnsinn"

Johannas zu übersehen, jedoch geht sein ganzes Bemühen und Trachten dahin, ihn normal-psychologisch zu erklären, so, als ob eine Zeitlang der Wahnsinn die Waffe ihres passiven Widerstandes gewesen sei.

Wenn Prawdin von dem Mayordomo in Tordesillas als dem „Kerkermeister" der Johanna ausführt, daß dieser „Zwangsmittel" habe anwenden müssen, um das Leben der Königin zu bewahren, „da sie aufgehört hatte zu essen", so sind solche Maßnahmen noch vor vier Jahrzehnten, also vor der Einführung der Psychopharmaka in die Psychiatrie, notwendig und gebräuchlich gewesen, um das Leben solcher abstinierender Kranken zu erhalten. Denn man fragt sich immer wieder: wenn Johanna in der Tat gefangengehalten wurde, um sie nicht an die Regierung zu lassen, warum hat sie nicht in einem Kraftakt dies getan, als ihre „Befreier", die Comuneros, vor ihr standen? Man kann dies doch nicht mit der Liebe der Tochter zum Vater – sie hatte ja erfahren, daß er schon verstorben war, ihr Sohn Karl und ihre Tochter Eleonore hatten sie ja schon besucht – erklären. Denn jeder normale Mensch hätte sich aufs Pferd geschwungen und wäre aus dem „Kerker" Tordesillas davongeritten. Prawdin führt aber an, in sieben Jahren in Tordesilla eingeschlossen habe Johanna „längst alle Maßstäbe verloren" – wie wäre dies möglich? Wenn sich ihr Zustand besserte, da Luis Ferer abgelöst wurde, dann kann dies ein zufälliges Zusammenfallen der Ereignisse sein, aber auch: oft bessern sich solche Kranke durch eine abrupte Änderung ihrer Umgebung – nur stellt sich gleich die Frage: wie lange hält diese „Besserung" an?

Unrealistisch und geradezu romanhaft stilisiert ist, daß Karl nach seinem Schwur in Valladolid, er werde als König von der Regierung zurücktreten, nur noch Infant von Spanien sein und „nur die Königin allein regieren" lassen, wenn Gott der Königin Donna Juana wieder Gesundheit gebe, daß von diesem Augenblick seines Schwures es für Karl „nur noch eins" gegeben habe: seine Mutter „mußte ihr Leben lang wahnsinnig sein und bleiben[57]". Ein solches Urteil besagt, daß Karl von einem teuflischen Ehrgeiz zerfressen und getrieben gewesen sein müsse. Stellt man sich dies vor, merkt man das vollkommen Abwegige in der Darstellung Prawdins. Er muß zu Verzerrungen und letztlich auch zu Verleumdungen greifen, um zu beweisen, daß die Gefangene von Tordesillas „rechtlos" war, daß sie eine Frau war, die „von ihrem Mann, ihrem Vater und ihrem Sohn für wahnsinnig erklärt und eingekerkert" worden war. Und ihr ganz verzweifelter Kampf in den Niederlanden und später in Spanien gegen Philipp (ihren Gemahl – der Referent) sei nur darum gegangen, „zu verhindern, daß ein Flamenco (ein Niederländer – der Referent) über Spanien herrsche". Wenn sie aus einem Fenster den Vorübergehenden zuschreit, „daß man die Offiziere und Soldaten, die sich in der Stadt befinden, herrufen soll, damit sie diese und jene töten". Prawdin nennt dieses Zitat –, so deutet er dies so, daß Johanna nicht resignierte, sondern ihrem „Kerkermeister Widerstand entgegensetzte", wo sie nur konnte.

Aber am Schluß seiner Ausführungen muß auch Prawdin einräumen, daß zwar der Widerstand der rechtmäßigen Königin – rechtmäßig im Gegensatz zu ihrem Sohn Karl, der zeitlebens nur als ein „Usurpator" in seinem eigenen Lande regiert habe – gegen ihre Kerkermeister nie erloschen sei und damit auch ihr Widerstand gegen die von diesem gewünschten Kulthandlungen. Jedoch: „In der zunehmenden Geistesverwirrung glaubte sie sich von bösen Geistern umgeben, die jede

Herzensregung in ihr verhinderten. Sie sah in ihrer Einbildung eine große gespensterhafte Katze die Seele ihrer Mutter fressen, ihren Vater zerfleischen und schon auf der Wacht liegen, um ihr das gleiche anzutun[58]". – Daß mit „Geistesverwirrung" kein vorzeitiger geistiger Altersabbau bei Johanna gemeint ist, beweist Prawdin zwei Seiten weiter, wo er erzählt, sie habe sich später an Franz von Borja (Borgia) – der als Knabe zwei Jahre lang Pagendienste in Tordesillas in dem Hofstaat der kleinen Katharina getan hatte, als Mann wegen seiner wundersamen Bekehrungen in ganz Spanien in höchstem Ansehen stand –, bei seiner Meldung trotz der 30 Jahre Zwischenpause sofort erinnert und ihm einen warmen Empfang bereitet. Bei dem zwei Jahre darauferfolgten Besuch Borjas – Philipp II. hatte ihn zur möglichen Klärung ihres religiösen Lebens erneut zu seiner Großmutter geschickt –, habe Johanna bei dem „listenreichen Zweikampf" mit dem großen Jesuiten dann „mit der List der Geisteskranken" ihm geschildert, wie sie es in früheren Zeiten mit ihrer Glaubensbetätigung gehalten habe[59]. Das Wort „Geisteskranke" hätte Prawdin nie verwenden dürfen, wenn er die geistige Gesundheit der Königin hatte glaubhaft darstellen wollen. Denn der natürliche oder auch vorzeitige Altersabbau hätte auf keinen Fall eine so lebhafte Diskussion erlaubt, zumal ganz wahnhafte Gedanken der Beichtvater Borja von seinem Beichtkind hören mußte: sie werde von den sie bedienenden Frauen an ihrem richtigen religiösen Handeln gehindert, denn diese Frauen seien „richtige Hexen" und verunreinigten das Weihwasser und störten sie bei Gebeten und im Gottesdienst[60].

Prawdin erwähnt auch die Biographie Brandis über Karl V., der von Johanna gesagt habe, sie sei wahnsinnig gewesen und habe in Abgeschiedenheit, „nur von einem bescheidenen Hofstaat umgeben", gelebt. Brandi führt aus, daß an der Geisteskrankheit Johannas nicht zu zweifeln sei, daran könnten auch „die Rettungen moderner Historiker nichts ändern[61]".

Das gleiche Urteil muß auch für Prawdin gelten. Aber auch ein gediegener Kenner der iberischen Geschichte wie Reinhold Schneider[62] kann Ausmaß und Tiefe der Geisteskrankheit Johannas von Kastilien nicht erfassen und kommt zu „schiefen" Darstellungen: Karl V. habe hören müssen, daß seine Mutter sich zunehmend jedem religiösen Zuspruch entzogen habe, die Augen habe sie geschlossen, habe man sie gegen ihren Willen in die Messe gebracht. Da ihr Sohn im April 1550 die furchtbaren Edikte gegen die niederländischen Ketzer und Abweicher erlassen habe – Männer enthauptet, Frauen aber verbrannt oder lebendig begraben –, hätte er seine Mutter selbst den von ihm angeordneten Strafen unterwerfen müssen. Allerdings: R. Schneider, der von sich selbst sagte, das Gefühl kommender Untergänge habe ihn nie verlassen[63], der körperlich schwach und hinfällig oft mit depressiven Phasen kämpfen mußte, hat zu seelisch-geistigen Schwäche- und Krankheitszuständen schon aus Selbstschutz keinen sicheren Weg finden können; aber er schreibt, ob nicht Johanna die Wahnsinnige heimlich geopfert worden sei: denn Philipp der Schöne – „der schönste Fürst seiner Zeit war kalt, zynisch vielleicht" – habe sie wie eine Gefangene in Brüssel gehalten. Sie jedoch „liebte den Gatten bis zum Wahnsinn, ihre Eifersucht machte sie krank". Vor einem Heer von zehntausend Soldaten sei sie an der Seite des geliebten Mannes geritten, ohne eine einzige Frau als Begleitung zu dulden, Philipp habe keine Frau neben ihr sehen sollen[64]. – In grotesker Verkennung der geistigen Erkrankung Johannas, ohne Zweifel auch eine schwere Last für den Ehemann, meint R. Schneider, Johanna sei für ihn ein verachtetes Mittel gewesen. Dann heißt es: „Aber war Philipp nicht gerade deshalb zum mindesten der Anschein ihrer Krankheit erwünscht? Und dann, als er plötzlich starb, brach die Krankheit, die vielleicht erwünschte Krankheit aus." Im Tonfall einer Vulgärpsychologie fährt Schneider fort: „Und sonderbar! Nicht der Haß, nicht die Schmach konnte sie wecken, sondern einzig die Liebe. Vor dem Leichnam dessen, der sie vielleicht geschlagen, wie eine Gefangene behandelt, öffentlich mißachtet hatte, fiel diese Frau, in einem Übermaß von Leidenschaft, die blauen Lippen, die starren Füße küssend, in Wahnsinn. Das klingt gut, hat aber den Nachteil: es ist grundfalsch! Denn Johanna war schon Jahre zuvor geisteskrank gewesen. Das Verhalten ihres Mannes war die verzweifelte Reaktion, sie irgendwie noch zu steuern und zu leiten. Und ein Ereignis, mag es noch so schwer sein, kann nicht einen Menschen in „Wahnsinn fallen" lassen.

Reinhold Schneider äußerte sich so vor Jahrzehnten. Ein moderner Schriftsteller, Helmut Domke, folgt ihm hier getreulich nach[65]. Das kleine Nest Torquemada habe die monatelangen Trauergottesdienste der vor Schmerz um den Tod ihres achtundzwanzigjährigen Gatten „halb umnachteten" Johanna von Kastilien erlebt. Einige Seiten weiter stellt Domke den Besuch des gerade siebzehnjährigen Karl V. so dar, daß er von ihr den Thronverzicht habe erreichen wollen. Denn nach Domke ist der jugendliche Karl „unter tumultarischen Umständen in Madrid zum spanischen König" ausgerufen worden – hier erliegt Domke einem Irrtum: Denn Madrid war damals eine ganz unbedeutende Siedlung, die nicht einmal ein Stadtrecht besaß; erst Philipp II. erhob es 1561 wegen seiner zentralen Lage zur Hauptstadt seines Weltreiches. Hingegen mußte Karl V. in den alten Hauptstädten wie Burgos, Valladolid, Zaragoza und Barcelona von den dortigen Granden und dem Klerus seine Wahl zum spanischen König erhandeln; niemals war er bei seinen wenigen Aufenthalten in Spanien je in Madrid. Karl habe jedoch – so Domke – bei seiner Mutter nichts erreicht und sich mit dem Prinzentitel begnügen müssen. Und sein Großvater, Ferdinand von Aragonien, habe seine Tochter Johanna, die rechtmäßige Erbin Kastiliens, „ungeachtet ihres wilden Aufbegehrens, mit Gewalt" nach Tordesillas verwiesen, als sie – nach Domke – über den Tod des schönen, blonden und machtvollen Habsburger Philipp des Schönen nicht hinweggekommen sei; sie habe „gelegentlich darüber den Verstand" verloren. Des weiteren meint Domke, man habe diese Johanna, eine „Königin ohne Krone", trotz ihrer „vorgeblichen Debilität" (! der Referent) nie dazu bringen können, auf die kastilische Krone zu verzichten[66].

Kritisch muß man hier Domke entgegenhalten, daß das Fremdwort „Debilität" nichts anderes heißt als Schwachsinn, also Minderbegabung. Geisteskrank zu sein heißt jedoch nicht: schwachsinnig zu sein, vielmehr nur mehr oder minder oder auch zeitweilig unfähig oder gemindert fähig, von seinen geistigen Gaben sinnvoll Gebrauch zu machen. Nur in wenigen Fällen ist ein Schwachsinn mit einer Geisteskrankheit gekoppelt.

Zum anderen taucht auch bei Domke das uralte Kausalitätsmärchen auf, daß eben ein großer seelischer Schmerz eine Geisteskrankheit hervorrufen könnte. Diese Anschauung ist falsch, wird aber unausrottbar bleiben. Zwar ist der Mensch nicht unbegrenzt belastbar, doch hat auch der letzte Weltkrieg praktisch nicht die Zahl der manifest gewordenen Geisteskranken vermehrt. Jedoch werden immer wieder Dichter und Schriftsteller darzustellen sich bemühen, daß Johanna von Kastilien aus unstillbarem Schmerz über den Tod ihres Gatten die Maßstäbe dieser Welt „ver-rückt" habe. Aber eine sogenannte psychogene Psychose, also eine seelisch bedingte Geisteskrankheit, hat bis heute kein Psychiater begründet aufzeigen können. Manche sogenannten modernen Psychiater weisen auf den „Mythos der sogenannten Geisteskrankheit" hin. Es entstehe keineswegs bei geeigneter Therapie, hier natürlich einer speziellen Psychotherapie, der sogenannte Kern der geistigen Störungen; dies alles sei nur ein Mythos von gewissen Psychiatern. Diese setzten Märchen über die sogenannten Geisteskranken in die Welt, um ihre Verfügungsgewalt über diese „Irren" zu verfestigen. – Hier treffen sich also manche Schriftsteller mit einzelnen Psychiatern. Man braucht hier aber nur an den trockenen, aber vortrefflichen Ausspruch eines amerikanischen Genetikers zu erinnern: Wenn die Schizophrenie – um sie allein handelt es sich hier – ein Mythos ist, dann jedoch ein Mythos mit einem wesentlichen genetischen Bestandteil („substantial genetic component" [67]).

Mit Sicherheit wußte Karl V. von der seelisch-geistigen Umnachtung seiner Mutter, da er sich laufend von den zuständigen Hofmeistern über ihren Zustand brieflich unterrichten ließ. Sogar Prawdin muß sagen, daß Karl die „Premia" – also Gewaltmittel, die nach der Sitte der Zeit auch die Tortur einschlossen – nicht anwenden ließ, obwohl der Marquis von Denia als Hausverwalter glaubte, sie ihm vorschlagen zu müssen. Denn dieser setzte auseinander, daß „ihre Hoheit" (also die wahnsinnige Königin) mit Rücksicht behandelt werden solle, entsprechend dem Befehl ihres Sohnes und Kaisers, er jedoch „als Vasall dennoch zu tun habe, was ihrer Hoheit zuträglich ist[68]".

Zum anderen kann man annehmen, daß damals immer noch ein Hauch der hohen islamischen Kultur das geistige Leben Spaniens durchdrang. Denn der Islam hielt die griechische wissenschaftliche Auffassung vom Wahnsinn als einer Naturkrankheit aufrecht.

Der große geistige Brückenschlag war nämlich so vor sich gegangen: die griechische Medizin, in die Sprache der Syrer übersetzt, wurde von der damaligen Weltsprache, nämlich dem Arabischen, übernommen und kam später in einem lateinischen Gewand wieder nach Europa zurück.

Denn die Tradierung von der Antike ins Abendland ging kaum über das römische Imperium. Hier fließen, wie Schipperges schreibt, nur dürftige Rinnsale, zumal auch der zweite Strom über das byzantinische Mittelalter bald versiegt war. Denn das meiste und beste dieser Überlieferung nimmt den gewaltigen Umweg zunächst in den Osten, also an die dortigen syrischen und persischen Akademien, später nach Bagdad und Cordoba, um von dort aus seit der Mitte des 12. Jahrhunderts den europäischen Universitäten vermittelt zu werden. Denn erst im 16. Jahrhundert knüpfte man wieder direkt an die griechische Tradition an[69].

In Gondeschapur, eine Gründung der Sasaniden (350 nach Christi Geburt) im Norden des persischen Meerbusens, bestand viele Jahre eine syrische Ärzteschule. Von dort her holten sich die siegreichen Araber, nachdem ihre Reiche langsam befriedet waren, ihre Ärzte und Übersetzer. – Hunain ibn Ishaq (809-873) ein syrischer nestorianischer Christ und Arzt, war der großer Vermittler; Hunain, im Abendland Johannitius genannt, übersetzte und bearbeitete die griechische Vorlage des Galen ins Arabische. Dieser Galen (griechisch: Galenos, lateinisch: Galenus), geboren 131 nach Christi Geburt in Pergamon, verstorben wahrscheinlich in Rom 201 als Leibarzt Kaiser Mark Aurels hatte das ärztliche Wissen seiner Zeit systematisch zusammengefaßt. Der Canon medicinae des Persers Avicenna (eigentlich Ibn Sina; geboren 980 in der persischen Provinz Chorasan), der wohl glänzendste Stern am Ärztehimmel des Islam, wurde hundert Jahre nach seinem Erscheinen von Gerhard von Cremona ins Lateinische übersetzt und in den letzten dreißig Jahren des 15. Jahrhunderts sechzehnmal und im 16. Jahrhundert über zwanzig mal herausgegeben. An den Universitäten Montpellier und Löwen benutzte man ihn bis um 1650 noch als Lehrmittel. In Spanien lebte – nach Schipperges – die arabistische Bewegung ungebrochen bis weit in das 17. Jahrhundert; bis dahin gab es in Valladolid ein Ordinariat für Avicenna. Dieser war, was noch zu ergänzen ist, nicht nur Arzt, sondern auch Astronom und Staatsmann, ruinierte sich früh und starb 1037 auf einem Feldzug an einer Kolik. Sein Grab in Hamadan wird heute noch verehrt[70].

Aus einem Kolleg- und Prüfungsbuch eines Medizinstudenten wissen wir, daß um 1665 an der Universität in Salamanca unter den dreißig namentlich aufgeführten medizinischen Lehrbüchern beinahe alle aus der griechisch-arabischen Tradition kamen[71].

Die ältesten dokumentarisch verbürgten Asyle für Geisteskranke erstanden in Fez um ca. 700, Bagdad 705, Kairo 800, Damaskus und Aleppo 1270. Cordoba, die Hauptstadt des Kalifats Cordoba (von 756-1031), wo das Omajjadenreich eine unvergleichliche Blüte auf römisch-christlich-westgotischem Boden erlebte, soll in seiner Blütezeit fünfzig Krankenhäuser, darunter zwei Irrenhäuser, besessen haben. Und die ersten reinen Irrenhäuser entstanden unter arabischem Einfluß in Spanien, in Sevilla 1409, in Valencia 1410, in Barcelona 1412 und in Toledo 1483. Der Ruhm, neben einer menschenwürdigen Behandlung auch schon eine richtige Arbeitstherapie eingeführt zu haben, gehört dem Spital Urbis et Orbis in Zaragoza[72].

Wenn auch letztlich kaum nachzuweisen, hat diese maurische Tradition auf die Irrenpflege in Spanien gewirkt. Denn nach Merenciano[73] waren „Anstalten für Geisteskranke" unter den Mauren bekannt. Beim Weltpsychiaterkongreß in Madrid 1966 fand sich in der Ausstellung der Entwicklung der Psychiatrie in Spanien ein großes Abbild des Gemäldes, das der spanische Maler Joaquin Sorolla für das psychiatrische Provinzkrankenhaus in Valencia gemalt hatte: „Pater Jofré schützt einen psychisch Kranken" („Padre Jofré protegiendo an un loco"). Dieser Pater Jofré, geboren 1350 in Valencia, schloß in Lerida 1369 sein Jurastudium ab, trat ein Jahr später in das Kloster Puig ein, wurde 1375 geweiht, Prior in Montblanch bei Barcelona, bis er 1408 die Leitung der Niederlassung seines Ordens („Nuestra Sennora de Merced" = unsere Frau der Gnade) in Valencia übernahm. Die Stadt Valencia gehört seit 1238 endgültig zu Aragonien. Auf dem Wege zur Kathedrale in Valencia kam Jofré dazu, wie eine Gruppe von Buben und Neugierigen auf einen Wahnkranken einschlugen, mit Steinen warfen und ihn übel zurichteten. Dieses Ereignis malte Sorolla. Jofré soll auf der Stelle seinen Mitbürgern zugerufen habe, auch dieser Mensch sei ein Kind Gottes und habe somit Anspruch auf die christliche Nächstenliebe. Jofré habe damals am Schluß seiner Predigt die Charakteristika der Geisteskrankheiten in ausgesprochen medizinischem Sinne zusammengefaßt: Unschuldigkeit, Unverantwortlichkeit und Notwendigkeit einer besonderen Behandlung. Mitbürger und Freunde Jofrés stellten Mittel bereit, der König Martin I. von Aragonien (1395-1410) genehmigte eine Satzung für das neue Irrenhaus, dieses konnte man am 1.6.1410 offiziell eröffnen. Ihr Stifter starb still in seinem Kloster.

Seinen Ideen folgend, gründete man im karitativen Sinne weitere „Anstalten" in Zaragoza (1425), Toledo (1480), Barcelona (1481) und Granada (1527); sie begründeten mit den Ruhm Spaniens als „Wiege psychiatrischer Krankenpflege" – zumindest im christlichen Europa. Und Jetter betonte nachdrücklich, die „Casa de Orates" des Mönches Gilabert Jofré sei das erste Irrenhaus der Welt gewesen, bereits 1409 eröffnet. Der Orden der Mercedarier, dem Jofré angehörte, hatte als besondere Aufgabe, von den islamischem Seepiraten geraubte Menschen in Nordafrika freizukaufen. Bei der Rückkehr nach Spanien lösten sie ihre Ketten und übergaben sie den Kirchen, wo man sie aufhängte; sie sind z.B. auch heute noch in der Kathedrale von San Domingo de la Calzada zu sehen. Jahrhunderte hindurch waren diese islamischen See- und Menschenräuber eine Plage der europäischen Mittelmeerländer; aus der berechtigten Furcht, geraubt zu werden, wählten die Wallfahrer nach Santiago de Compostela aus dem italienischen Raume nicht den bequemen Weg an der ligurischen Küste, sondern wichen vielmehr ins Gebirge nach Norden aus. Eines der bekanntesten Opfer dieser Piraten war auch Miguel Cervantes: Er gehörte mit zu den ersten, die in der Seeschlacht bei Lepanto am 7. Oktober 1571 das feindliche Admiralsschiff enterten, eine Kugel zerschmetterte ihm dabei die linke Hand.

ANNA REG. CASTILIAE.

Nach der Entlassung aus dem Lazarett in Messina diente er in Neapel als einfacher Soldat und wurde 1575, zusammen mit seinem Bruder, nach Spanien entlassen, mit einem Empfehlungsschreiben von Don Juan d' Austria, dem Sieger von Lepanto und bekanntlich Sohn Karls V. und der Regensburgerin Barbara Blomberg. Auf der Heimfahrt kaperten Seeräuber das Schiff und verkauften die ganze Besatzung in die Sklaverei nach Algier. Die von dem algerischen Dei für Cervantes geforderte Lösesumme konnte die Familie nicht aufbringen; erst Trinitariermönche brachten das riesige Befreiungsgeld zusammen. Um auf die Mercedarier-Mönche zurückzukommen: In übertragenem Sinne befreien sie die „Irren" von den ihnen ohne ihr Verschulden überworfenen Ketten[74]. - Zum Verständnis des Folgenden muß man sich in Erinnerung rufen, daß sich das Konzil von Nicaea (Kleinasien) 325 gegen den Arianismus entschied, und die Westgoten erst im Jahre 589 auf dem Konzil in Toledo den Athanasianismus annahmen.

Während die arianischen Westgoten gegenüber den Juden, die im wirtschaftlichen und geistigen Leben Andalusiens eine bedeutsame Rolle spielten, sich sehr duldsam verhielten, änderte sich dies nach Annahme des Athanasianismus.

Auch Schopen führt aus: Solange die Westgoten Arianer waren, lebte die zahlreiche und blühende Judenschaft Spaniens in einem geradezu freundschaftlichen Einvernehmen mit dem germanischen Staatsvolk[75].

Vom Übertritt des Westgotenkönigs Reccared (586-600) zum katholischen Christentum an soll wegen des rigorosen Bekehrungseifers der Westgoten das Leben für die spanischen Juden bis zum Rande mit Bitterkeit, Erniedrigung und Unterdrückung verbunden gewesen sein

(Schopen, E.: S.32). Schopen spricht von einem furchtbaren Zustand für die spanisch-jüdischen Familien bis zum Sturz der Westgotenherrschaft durch die Araber (711).

Unterdrückt begrüßten die Juden vielfach die nach der Schlacht bei Jerez de la Frontera[76] hereinbrechenden Mauren (711) als Freunde. Juden sollen sich vor den Mauern von Toledo mit den islamischen Belagerern in ihrer ähnlichen Sprache unterhalten haben. Und nach 711 begann eine lange Periode der Toleranz, sie umfaßte Glauben, Sprache, Recht und Brauchtum.

Während die Westgoten durch Gesetz die Ehe mit den Einheimischen verboten hatten, gründeten die Mauren – sie waren ja ohne Frauen nach Spanien eingedrungen – mit den spanischen Frauen zahlreiche Familien. Man berichtet, daß die Witwe des letzten Westgotenkönigs die Frau des muselmanischen Oberbefehlshabers wurde. Die Kalifen hatten meist baskische, navarrische, galicische und kastilische Mütter, die zu einem Teil direkt von den Westgoten abstammten. „Die maurischen Herrscher waren blond, hatten blaue Augen und sprachen das Romance der Einheimischen"[77].

Als die Omejaden (Omajjaden, Omajjiden) als die erste Dynastie der Kalifen in Bagdad ausgerottet wurden, gelang es einem von ihnen zu fliehen; er gründete 756 in Spanien als Abd ur Rahman I. das Emirat von Cordoba. Unter Abd ur Rahman III. (912-961) erreichte Cordoba den Höhepunkt seiner reichen Entwicklung; es soll etwa eine Million Einwohner gehabt haben; unter den sechshundert Moscheen war eine die größte nach Mekka, die Universität war hochangesehen und hatte eine nach Umfang und Qualität gleich ungewöhnliche Bibliothek; die Stadt galt als glanzvolle Nachfolgerin

Roms. Auf Hrothsvitha (Roswitha von Gandersheim: geb. um 935 - gest. nach 973) machten die Berichte über diese Märchenstadt mit dem riesenhaften Sommerpalast Madinat Al Zahra des Kalifen einen solchen Eindruck, daß sie die Stadt als Schmuck der Welt (ornamentum mundi) bezeichnete.

Die kulturelle Überlegenheit läßt sich schlaglichtartig an folgendem Beispiel aufzeigen: Zu einer Zeit, als es im übrigen Europa nur Schulen an Klöstern und Lehrer an einigen Fürstenhöfen gab, existierten in Cordoba an die sechzig Schulen, kostenlos zugänglich für jedermann. Wenn Wolfram von Eschenbach (um 1170-1220) einmal von sich sagt, daß er nicht schreiben könne, dann liegt hier natürlich eine kleine Koketterie vor. Jedoch konnte in der Tat fast keiner seiner Standesgenossen schreiben. Wenn man heute sagt, Arbeit adelt, dann soll dieser Ausspruch davon herrühren: Hatte ein nachgeborener Sohn eines Ritters seine Fehden und Schlachten – denn nur hier bot sich die Möglichkeit eines Aufstieges – glücklich überstanden und trat als älterer Mensch in ein Kloster ein, dann konnte er zwar kaum lesen und schreiben, mußte jedoch nach der katholisch-christlichen Ordensregel Hand auch an einfachen Arbeiten anlegen, es sei denn, er kaufte sich ein, wie es z.B. der robuste Minnesänger Oswald von Wolkenstein (geb. um 1377, gest. 1145) im Augustiner-Chorherrenstift Neustift bei Brixen (Südtirol) tat.

Der Niedergang der Mauren begann durch die innerislamischen Streitereien; die maurische Dynastie der Abbasiden (1023-1091) eroberte Cordoba bereits 1068 unter Mohamed al Motamid. Die islamische Glaubensgemeinschaft der Almorawiden (Grenzkämpfer auf arabisch) setzte sich 1091 in den Besitz Cordobas, bis sie um 1147 in Afrika von den Almohaden („Bekenner der

Einheit Gottes"), einer neuen islamischen fanatischen und unduldsamen Sekte vertrieben wurden. In den folgenden Jahren konnten diese sich auch im Süden Spaniens festsetzen, wurden aber nach ihrer Niederlage bei Naves de Tolosa (16. Juli 1212) gestürzt.

Bei auch hoher Kultur war im Islam – dies gilt bis heute – immer mit eingeschlossen: die Befolgung eines der fünf Gebote des Propheten, nämlich der Kampf gegen die Ungläubigen, also ihre Ausrottung. Als die Mauren einmal Toledo wieder erobert hatten, sollen sie Pyramiden von Schädel errichtet haben. Das Kloster San Pedro de Cardenna (bei Burgos), in einem kleinen und verschwiegenen Tal gelegen, schon im 6. Jahrhundert gegründet, wurde von den islamischen Scharen unzählige Male zerstört; sie sollen dabei einmal über zweihundert Mönche niedergemetzelt haben (hier zitiert nach: Hanns Buismann, Spanien – Wissenschaftliche Buchgesellschaft, Darmstadt 1972, S.363). – Mit der Eroberung Cordobas 1236 durch Ferdinand III. von Kastilien im Verlaufe der Reconquista begann der Niedergang der Stadt, vor allem, als man das von den Römern begonnene und von den Mauren vervollkommnete Wasserleitungssystem verfallen (wie später in Granada), die Wälder kahlschlagen und den Fluß Guadalquivir versanden ließ.

Von dem großartigen Sommerpalast Medina Al Zahra ist heute nichts mehr vorhanden; diese Traumstadt der Kalifen von Cordoba diente schon den untereinander verfeindeten Mauren später als Steinbruch und die Christen setzten dies beharrlich fort.

Vermittler des griechisch-arabischen Wissens war ein spanisches, vermögendes und geistreiches Judentum, das vom Ende des 10. Jahrhunderts das Judentum Italiens,

Frankreichs und Deutschlands erfaßte und bis ins 13. Jahrhundert wirkte. In der Provence als einem Brückenland zwischen der arabischen Mittelmeerwelt und dem lateinischen Europa saßen ganze jüdische Übersetzerfamilien, die aus dem Arabischen ins Hebräische und aus dem Hebräisch-Arabischen ins Lateinische übertrugen. Man weiß z.B. von Friedrich II., dem Hohenstaufen, wie auch von König Alfons X., dem Weisen von Kastilien, daß sie an ihren Höfen durch jüdische Gelehrte arabische Originalwerke ins Lateinische übertragen ließen.

Der enge Zusammenhalt zwischen Juden und Arabern gründete sich vor allem auf ihrem beiderseitigen strengen Monotheismus. Zwangsläufig mußte es vor allem deshalb später mit den christlichen, spanischen Eroberern zu nicht aufhebbaren Konflikten kommen. In Cordoba war 1126 auch der bedeutende Averroës (Ibn Roschd oder Ruschd) geboren worden, gleichzeitig Mathematiker, Philosoph und Arzt, später sogar Statthalter von Andalusien, bis man ihn nach 1195 wegen seiner Freisinnigkeit einige Zeit aus der Gemeinschaft der Gläubigen ausstieß, zuletzt jedoch begnadigte. Er starb 1198 in Marokko[78].

Sein größter Schüler war Maimonides (Rabbi Moses ben Maimun), geb. am 30.3.1135 in Cordoba, dessen Familie allerdings wegen der Verfolgung durch die unduldsame Sekte der Almohaden – auch sie kamen wie fast alle neuen islamischen Sekten aus der „Wüste", sie griffen von Afrika auf Spanien über und metzelten alles nieder, was sich nicht zum Islam bekannte – 1148 nach Marokko fliehen mußte. Maimonides kam 1165 an den Hof des Sultans Saladin in Kairo und starb am 13.12.1204 in Fostat (Altkairo). Zwar gilt er in Ärztekreisen als Arzt[79] verfaßte auch bedeutsame „Kommentare zu Hippokrates und Galen" wie auch eine „Diät zur Erhaltung der Gesundheit", war jedoch vor allem bedeutsam als früher Metaphysiker und talmudischer Denker, der jüdisches Denken mit der Philosophie des Aristoteles in Einklang zu bringen versuchte. Er entwickelte sogar in seiner Seelenlehre einen Unsterblichkeitsglauben, eine Auffassung, die sein Lehrer Averroes ablehnte.

Und die körperlich-geistige Mystik der Theresa von Avila – deren 400. Todestag man 1982 gedachte – kann man nicht allein aus der christlichen Tradition verstehen, wenn man mit Nigg – in seinem hymnisch anmutenden Essay – meint, sie stamme aus den streng katholischen, altadeligen Familien de Cepeda und Ahumada[80] dabei jedoch unterschlägt, daß ihr Großvater ein getaufter Jude gewesen war. Castro schreibt immerhin, daß ihre jüdische Abstammung gesichert sei[81].

Die Vertreibung der Juden lief in Spanien in mehreren Abschnitten ab und zwar schon vor 1481, dem Beginn des Krieges Kastiliens gegen Granada. Bereits 1483 hatte Ferdinand von Aragonien Torquemada (geb. 1421 in Valladolid, gest. in Avila am 16.9.1498) als dem Großinquisitor unbeschränkte Vollmacht im Kampf gegen Moriscos – so nannte man die Nachkommen der Mauren – und Marranen – so hießen die scheingetauften Juden – ausgestellt. Und 1492 erzwang Torquemada von seinem Beichtkind Isabella von Kastilien – ihr Sekretär Pulgar war ein getaufter Jude – ein Auswanderungsdekret, etwa 300 000 Juden mußten mittellos Spanien verlassen. Zum Teil fanden sie Aufnahme in den Ländern des östlichen Mittelmeeres, wo bis um 1940 Spaniol bzw. Ladino, ein jüdisch-spanischer Dialekt, von einigen hunderttausend Personen auf dem Balkan und in der Levante gesprochen und verstanden wurde.

Diese Vertreibung des spanischen Judentums hat der spanischen Wirtschaft einen Schaden zugefügt, der nicht mehr gut zu machen war. Denn dem christlichen Spanier galt Handarbeit als unehrenhaft; das Ideal war der Hidalgo, der Ritter, der gegen die Ungläubigen kämpft.

Als einziges unter den westlichen Völkern gründeten die Spanier ihre Lebensweise auf die Vorstellung, daß die einzig würdige Beschäftigung des Menschen darin bestehe, ein Mensch zu sein und nichts mehr sonst. Somit hat kein anderes europäisches Land die Handarbeit so verachtet wie Spanien. Der Wunsch, dem Adelstand anzugehören, verstärkte sich im 16. Jahrhundert mehr und mehr! So gab es 1541 in Kastilien und Leon 781 582 Steuerzahler und 108 358 Hidalgos, mit anderen Worten: 13% aller Familien des Königreiches zahlten weder Steuern noch verrichteten sie irgendeine Arbeit, sie lebten hingegen als geschlossene Kaste. Die Krone, die dauernd Geld benötigte, machte sich dieses Verlangen nach gesellschaftlicher Erhöhung zunutze; sie verlieh allen jenen den Adelstitel, die ihn mit viel Geld kaufen konnten. Trotz Vorstellungen der Cortes' daß sich durch immer neue Adelsbriefe die Zahl der Steuerzahler und Erwerbstätigen verringerte, ließ sich Philipp II. nicht beirren, er benötige auch dieses Geld, um seinen „Bedürfnissen nachzukommen[82]".

Somit lagen Handwerk und Gewerbe vorwiegend in jüdischen Händen, wie auch die Mauren bzw. Moriscos durch ihre Bewässerungskunst die trockenen Hochebenen Kastiliens zum Blühen gebracht hatten. Wenn der ungeheure Goldstrom, der von der neuen Welt nach Spanien floß, dort kaum zur wirtschaftlichen Verbesserung des Volkes geführt hatte, dann ist hier mitschuldig gewesen die Vertreibung der Juden unter den „katholischen Königen" (hier gemeint: christlichen Königen) und etwa hundert Jahre später (1609) der letzten Moriscos unter Philipp III. (1598-1621).

Dabei besaßen die kleinsten kastilischen Dörfer im 13. Jahrhundert öffentliche Badeanstalten, worüber die behördlichen Verordnungen uns berichten. Im Jahre 1567 wurden in einer feierlichen Zeremonie alle künstlichen Bäder Granadas abgebrochen. Somit geriet die Sitte des häufigen Waschens in Spanien wie auch im übrigen Europa bis weit in das 19. Jahrhundert hinein in Vergessenheit[83]. Allerdings ist hier das Vordringen der Syphilis zu beachten, die ebenfalls zum Veröden der Badeeinrichtungen führte.

Die Übergabe Granadas 1492 durch den letzten islamischen König Boabdil V. – gegen den Widerstand der 500000 islamischen Bewohner der Stadt! – wurde von den Zeitgenossen als ein Sieg über die Ungläubigen und geradezu als Ausgleich für den Verlust Konstantinopels (29.4.1453) an die Türken begrüßt. Auch heute meint der oberflächliche Leser, damit sei es mit der islamischen Kultur in Spanien – die ungleich über der christlichen stand! – zu Ende gewesen.

Zwar war es nie zu einer Verschmelzung beider Volksbestandteile gekommen[84], jedoch zu einer starken Verbindung. Noch heute findet man in der spanischen Sprache eine Fülle von arabischen Lehnworten. Und große Fachbereiche der Naturwissenschaften erinnern an ihre arabische Terminologie: Chemie kommt aus „alqimiya", wobei der Stamm über das Arabische bis ins alte Ägypten zurückreicht. Das Elixier ist ein arabischer Grundbegriff. Und das liebe, uralte, deutsche und vertraute Wort „Laute" ist nichts anderes als das arabische Musikinstrument „al-'ud[85]". Und wieviele weitere deutsche Wörter aus dem Arabischen kommen, kann man in dem „Kleinen Lexikon deutscher Wörter arabischer Herkunft", herausgegeben von Nabil Osman, nachlesen (Beck Verlag, München, 1982). In seiner Rezension dieses Buches weist Rolf Michadis in der Wochenzeitung „Die Zeit" darauf hin, daß der Sicherheitsrat der UNO das Arabische als sechste offizielle Sprache der Weltorganisation anerkannt hat (Die Zeit, Ausgabe vom 18. Februar 1983). Und der von der westlichen Welt mit ungläubigem Erstaunen beobachtete Umsturz im Iran – der Schah hatte unter den arabischen Staaten militärisch gesehen eine Großmachtstellung – war nur möglich durch die Rückbesinnung auf das geistige und religiöse arabische Erbe und dem Charisma des Ayatollah Khomeini[86].

Auch wenn Karl V. den Ring der Verbote mehr und mehr verengte, immer noch lebte die arabische Sprache in Spanien, lebten die Mauren um Granada nach ihren mohamedanischen Sitten. Erst 1566 führte Philipp II. nach manchen Vorboten den entscheidenden Schlag: Innerhalb von zwei Jahren mußten die Mauren ihre Sprache aufgeben, sogar im privaten Leben, ihre Tänze und Nationalgesänge werden untersagt, selbst die warmen Bäder in den Privathäusern – und jedes maurische Haus verfügte über solche Badevorrichtungen – werden verboten.

Von 1568-1570 dauerte der Aufstand der in die Enge getriebenen und verzweifelten Moriscos; er wurde blutig niedergeschlagen. Und noch 1580 mußte in Toledo – bis zur Erbauung des Escorials und Erhebung Madrids Jahrhunderte hindurch die spanische Hauptstadt! – der Gebrauch der arabischen Sprache den Bürgern unter Strafandrohung untersagt werden – damals war Toledo schon 495 Jahre von den Christen erobert gewesen. Bei dieser lang und nachhaltigen Wirkung des griechisch-islamischen Geistesgutes war – man kann sagen: ohne Zweifel – auch das Wissen um die Naturgebundenheit der Geisteskrankheiten wach geblieben; Karl V. mußte somit um die von ihr unverschuldet erlittene Geisteskrankheit seiner Mutter gewußt haben.

Um 1517 scheint sich das seelisch-geistige Befinden der kranken Königin gebessert zu haben, denn sie habe sich anständig kleiden lassen, habe wieder ordentlich gegessen, auch in Gegenwart anderer Menschen, sie habe die Kirche besucht und sei spazierengegangen. Psychiater von mehr naturwissenschaftlicher Einstellung hätten diese Besserung so gedeutet, daß der manifeste Prozeß abgeklungen sei. Hingegen würden manche Psychiater der letzten 40 Jahre – gleich Bird – den wohltätigen Einfluß des jungen und verständigen Hofmeisters hervorheben. Denn Bird meinte, der Herzog von Talevara als neuer Hofmeister habe Johanna mit Eifer „studiert" und habe bemerkt, daß von ihrem „früheren Leben" nur der Ehrgeiz übriggeblieben sei; diesen habe er mit gutem Erfolg für die kranke Königin gepflegt. Diese Auffassung gewinnt umso mehr, da nach dem Einsetzen des Marques de Denia und seiner Gattin ab März 1521 über den Haushalt und die Person der „hohen Gefangenen" deren Zustand sich beträchtlich verschlimmerte. Neigung zu Gewalttätigkeiten, Verweigerung des Essens und des Wechsels der Leibwäsche, Wechsel von stuporösen Zuständen, in dem ohne Unterlaß die Königin im verdunkelten Zimmer hockt, „untätig vor sich ins Leere starrend". Dann: „Bald hört sie andächtig die Messe, bald fordert sie tobend und schreiend, daß man ihr den Altar und alles, was dazu gehört, aus den Augen schaffe[87].

Noch 1552 sandte Philipp II. zu seiner Großmutter Johanna, da sie infolge ihres Leidens immer mehr ihre religiösen Pflichten vernachlässigte, einen Jesuiten, später einen anderen Jesuitenpater (Fry Luis de la Cruz) zu dem Johanna ein besonderes Zutrauen faßte und dem sie den „Schleier ihrer kranken Seele lüftete": Ihre Hofdamen hinderten sie, ihren religiösen Pflichten nachzukommen, da diese ihre Heiligenbilder anspuckten, ihr Weihwassergefäß besudelten, die Priester am Messelesen hinderten, indem sie ihm das Missale umdrehten und ähnlichen Unfug trieben. Schützen müsse man sie vor allem gegen die wilde afrikanische Katze, die von den Hofdamen ins Schloß gebracht worden sei; denn diese habe bereits ihre Mutter Isabella und die kleine Infantin von Navarra verschlungen, habe auch den König Ferdinand gebissen und solle sie jetzt fressen. Fry Luis überzeugte sich rasch, daß er hier eine geisteskranke Frau vor sich hatte und es ein Sakrileg wäre, ihr die Sakramente aufzunötigen[88].

Zunehmend kamen dann die ersten körperlichen Leiden: Schon 1551 war eine teilweise Lähmung der Beine eingetreten, die Kranke ließ alles unter sich, stemmte sich gegen das Waschen, ihr Körper bedeckte sich mit eitrigen Geschwüren, die man zuletzt gewaltsam ausbrannte, wonach „das arme Opfer stundenlang vor Schmerzen schrie". Die letzten Augenblicke ihres Lebens sollen die lichtesten gewesen sein, so als ob „aller Irrsinn und alle Last für immer von ihr gewichen sei". Mit heiliger Inbrunst habe sie ihre letzte Lebensbeichte abgelegt und das Sakrament der letzten Ölung erhalten. Ein beständiges Erbrechen habe sie gehindert, die Hostie zu empfangen. Jedoch habe sie das ihr vorgebetete apostolische Glaubensbekenntnis „mit stammelnder Zunge nachzusprechen" versucht. Ein letztes Mal habe sie ihre schwindenden Kräfte zusammengenommen und gerufen: „Jesu Cristo crucificado, ayudame" (Gekreuzigter Herr Jesus Christ, steh' mir bei!). Bald danach habe sie ausgelitten, am Karfreitag morgens um 7 Uhr, dem 12. April 1555. – Johanna von Kastilien wurde 75 ½ Jahre alt. Man hatte sie über 47 Jahre ihres Lebens hospitalisieren müssen. „Ist nicht ihr Leben ein einziger, endloser Karfreitag gewesen?" fragt Pfandl. – Wie hätte man sich früher anders helfen können, bei einer chronischen Geisteskrankheit einer vornehmen Person, als sie zu internieren? Denn die einfachen Menschen, die kein Geld für ihre Internierung auftreiben konnten, die schob man ab, brachte sie außer Land. Die Historie der Psychiatrie weiß von vielen Kunstgriffen der einzelnen Gemeinden, sich dieser unerwünschten Personen zu entledigen.

Besaßen sie jedoch Geld, dann konnte man anders verfahren: In Frankfurt/Main lebte ein Mann 26 Jahre in der Hauptwache, wahrscheinlich im Stockwerk für die honetten Häftlinge, er trug sogar einen berühmten Namen: Johannes Erasmus Senckenberg. Er ist der Bruder des um Frankfurt verdienten Arztes und Naturforschers Dr. Johann Christian Senckenberg. Goethe beschrieb ihn in „Dichtung und Wahrheit". Er muß eine eigenartige Mischung von bissigem Kritiker und Menschenfreund gewesen sein; sein Vermögen – er starb kinderlos – vermachte er zum Teil für Hilfe an kranken Bürgern, zum anderen Teil für die Wissenschaft: neben vielem anderen zeugt heute noch das Naturmuseum Senckenberg im Universitätsviertel für ihn. – Dessen Bruder Johannes Erasmus war – nach allen Schilderungen – ein skrupelarmer und ehrgeiziger Mann, der sich durch seine Rechtskenntnisse als Jurist eine Machtstellung im Rat der Stadt zu verschaffen gewußt hatte. Jedoch mißbrauchte er sie gröblich; man wies ihm Verfehlungen von Urkundenfälschungen bis zur Notzucht nach. Jedoch wirkte er geistesgestört, man brachte den Mann als Staatsgefangenen im Obergeschoß der Hauptwache unter: er lebte dort von 1769 bis zu seinem Tode im Jahre 1795[89]. – Von dem portugiesischen König Alfonso VI. (1643-1683) heißt es, er sei schwachsinnig gewesen. 1667 setzten ihn seine Frau Mane de Nemours – sie hatte ihn kurz zuvor geheiratet, sich jedoch gleich seinem Bruder Pedro zugewandt – sowie ihr Schwager und Liebhaber Pedro ab. Die letzten acht Jahre seines Lebens verbrachte er als Internierter im Schloß von Sintra. Hier wurden bekanntlich der Feldzug von Ceuta (1415) und von Alcácer-Quebir (1578) beschlossen, der eine eine Expedition, die den Zauberkreis portugiesischen Ruhms begann, der andere eine, welche ihn beschloß. Man sieht heute noch im Schloß von Sintra das Bett Alfonsos VI. mit dem Baldachin, das Gitter vor dem einzigen Fenster, aber auch auf dem Fußboden die Fußspuren des Internierten: In einer Breite von etwa einem Meter ist der Fußboden abgelaufen und deutlich gesenkt. Der König soll Tag für Tag wie ein Löwe im Käfig auf und abgegangen sein. Wer als Krankenhauspsychiater Jahre hindurch chronisch Geisteskranke betreut hat, weiß, daß manche von ihnen tagtäglich auf den – gottlob – langen Gängen der Stationen oft bis zu deutlicher Schweißbildung auf- und abwetzen. Die Schuhe dieser Kranken müssen deshalb in Kürze immer wieder repariert werden. Die starke körperliche Anstrengung dieses Laufens mindert die Wirkung der Trugwahrnehmungen, fast immer nur der „Stimmen". Somit muß, um den Bogen zurückzuschlagen, auch nach dem Schrifttum es fraglich sein, ob Alfonso VI. nur schwachsinnig gewesen war[90].

V. Höfler spricht von der „gewaltigen Natur der Königin" – sie habe kaum je ihre Gemächer verlassen – die aber endlich doch zu wanken angefangen habe; er hätte schon bei Bird nachlesen können, daß solche Kranken oft ein hohes Alter erreichen. Hat man selbst über Jahrzehnte solche, wie man heute sagen kann, chronischen Schizophrene beobachtet, so weiß man, daß solche Kranke am liebsten in der engen und gewohnten Umgebung verharren, auf der anderen Seite Ereignisse und Erlebnisse auch ihrer Umgebung sie deshalb nicht berühren, weil sie von ihrem krankhaften Innenleben bis ins letzte erfüllt sind. Während also der normale Sterbliche vom Leben mehr oder minder zerschlissen wird, bleibt der Schizophrene von diesem Verschleißprozeß – in der Regel – verschont. Die also von Höfler betonte „gewaltige Natur gemacht zum Ertragen" Johannas der Wahnsinnigen von Kastilien beruht vor allem auf diesem Selbstschutzmechanismus, aber auch, daß Infektionskrankheiten, wie z.B. eine Lungentuberkulose von ihr als der Königin ferngehalten worden waren. Allerdings hatte sicherlich Johanna von Kastilien wie fast alle solche Geisteskranke immer nur das Notdürftigste gegessen, war also schlank geblieben, dies z.B. ganz im Gegensatz zu ihrem Sohn Karl V., von dem berichtet wird, daß er ein starker Esser und Trinker war und bei Tisch keine Speisen, die man ihm anbot, vorübergehen ließ, ohne zu kosten und zwar in riesigen Mengen. Neben dieser starken Eßlust als einem Charakteristikum der Familie hatte Karl dazu die – man kann fast sagen – berühmte Habsburger Lippe geerbt. Was war aber diese Habsburger-Unterlippe? Betrachtet man sich das Gemälde Bernhard Strigels (geb. 1460/61 in Memmingen, gest. hier 1528) im Kunsthistorischen Museum in Wien, so sieht man deutlich diese Habsburger Unterlippe beim Großvater Maximilian I. und seinem Enkel Karl V., weniger bei dessen Bruder Ferdinand. Die Historiker sind sich allem Anschein nicht einig über diese Gesichtsanomalie; Brandi geht in seiner Biographie über Karl V. darauf gar nicht ein. Übereinstimmung herrscht jedoch darüber, daß Karl V. später seinen Mund nicht mehr so stark geöffnet hielt wie als Kind. Es ist also eine Rückbildung eingetreten. Wir finden auch beschrieben, daß der Kaiser wegen des zu großen Unterkiefers daran gehindert war, die Zähne aufeinander zu beißen und somit die Speisen nur höchst unvollkommen zerkauen konnte. Das Vorstehen des Kinns und der unteren Zähne bei einem zu großen Unterkiefer nennt die Medizin Progenie, ein Leiden, das vorwiegend erblich ist und bis zur Reifezeit zunimmt. Diese Gebißanomalie mit umgekehrtem Frontzahnüberbiß war auch deshalb von Übel, da man Karl V. oft nicht verstand, vor allem nicht das Ende seiner Worte. Über die vielfachen Diätfehler des Kaisers klagten immer wieder seine Ärzte, bis in die letzten Tage seines Lebens in San Jeronimo de Yuste. Der Historiker Brandi führt mehrfach den niederländischen Arzt Dr. Mathys aus Brügge an, der über die Eßbegierde und Diätfehler seines hohen Patienten in fast täglich geschriebenen Briefen klagend sich ausließ; auch Wilhelm Treue greift in seinem Buch „Mit den Augen ihrer Ärzte" auf Mathys zurück[91]. Somit konnte Johanna von Kastilien bei ihrer krankheitsbedingten asketischen Lebensführung ein hohes Alter erreichen; ihr Sohn Karl V. hingegen wurde wegen dieser Gebißanomalie und seiner starken Eßlust – er litt schon mit dreißig Jahren an Gicht! – und seinen oftmaligen Diätfehlern, aber auch starker körperlicher Belastungen nur 58 Jahre alt. Somit überlebte Karl V. (verst. am 21. September 1558) seine Mutter (verst. am 13. April 1555) nur um drei Jahre.

Nach Pfandl litt Johanna, Königin von Kastilien, mit großer Wahrscheinlichkeit an einer Dementia praecox oder Schizophrenie[92]. Für einen medizinischen Laien beachtlich, führt er mit gutem Einfühlungsvermögen Beweise für diese Geisteskrankheit an.

Allerdings nennt er mehrfach bei ihren schon deutlich krankhaften Zuständen noch den Begriff „Psychopathin" oder auch „psychopathische Triebsteigerung". Wenn Pfandl das dauernde Kopfwaschen der Johanna richtig als „sicheres Anzeichen fortschreitender Verblödung" deutet[93], so ist der nächste Satz nicht richtig: die arme Johanna habe hier beim oftmaligen Kopfwaschen unmerklich den entscheidenden Schritt vollzogen. „Sie ist aus der Gemeinschaft in ihre Psychose geflüchtet." Dies ist eine psychologische, aber medizinisch laienhafte Darstellung, die nicht wahrer wird, wenn man sie vielmals im sogenannten tiefenpsychologischen Schrifttum findet: Eine schwere Psychose verzehrt diese Kranken – um es kraß auszudrücken.

Unrealistisch bei Pfandl ist auch, daß eine zeitweilige Herabsetzung der Gefühlsintensität bei ihr wie auch dem Sohne Karl V. und dem Enkel Philipp II. vorgelegen habe; dies seien Zustände einer „wahrhaftigen Gemütsakinese katatoner Färbung und reichten bedenklich an die untere Grenze schizoider Psychopathie" heran[94] – hier ist vieles unrichtig: eine Gemütsakinese ist eine unglückliche Bezeichnung und im psychiatrischen Sprachgebrauch ungebräuchlich. Pfandl wollte damit vielleicht eine zeitweilige gemüthafte Unbeweglichkeit ausdrücken. Katatonie bedeutet immer Spannungsirresein. Von hier gibt es keinen fließenden Übergang zu einer sogenannten schizoiden Psychopathie, womit manche Psychiater Menschen mit einer verkannten schizophrenen Symptomatologie bezeichnen. Bei dieser reinen Übernahme klinischer Begriffe ohne Anschauung und Erfahrung am Krankenbett zeigen sich die Grenzen von Historikern, seelisch-krankhafte Zustände aufzuzeigen. Mommsen soll es mit aus diesem Grunde unterlassen haben, nach seiner römischen Geschichte, die mit dem übersteigert gezeichneten, wenn auch großartigen Bild Caesars endet, eine Geschichte der römischen Cäsaren zu schreiben.

Ordnet man die von Pfandl gegebenen Schilderungen der Auffälligkeiten Johannas, so zeigt sich schon früh bei ihr eine Ambivalenz, somit ein gleichzeitiges Bestehen von miteinander unvereinbarten Gefühlen, hier: Bei Johanna bestehen Liebe und Haß mit gleicher Heftigkeit nebeneinander fort (in bezug auf ihren Ehemann). Ob die von der Zimmernschen Chronik vertretene Auffassung, daß Johanna in einem „Eifersuchtsanfall" Philipp vergiftet habe, „eine gänzlich unbeweisbare Annahme" bleibt?[95] – Immerhin wäre eine solche abrupte Handlung einer Geisteskranken durchaus denkbar, erklärte auch – soweit man bei Geisteskranken normalpsychologische Vorstellungen verwenden kann – in manchem das Verhältnis Johannas zum Leichnam ihres Mannes.

Versteht man unter Autismus den Rückzug eines solchen Kranken aus dem Leben der Gemeinschaft in eine gewollte Einsamkeit, so trifft dieses Symptom schon sehr früh auf Johanna zu.

Die affektive Verödung, der Verlust des Gefühlswiderhalls, war schon deutlich in Brüssel, wenn Philipp nach der Rückkehr Johannas aus Spanien im Frühjahr 1504 bei diesen, wie es überall heißt, furchtbaren Eifersuchtsszenen ihr als letztes Mittel die Kinder bringen ließ, jedoch schlug auch „dieses Mittel meistens fehl"[96].

Später in Spanien zeigte sich auch für medizinische Laien unverkennbar die Dissoziation des Denkens, nämlich das Gespaltensein.

Eugen Bleuler arbeitete diese für die Diagnostik einer schizophrenen Psychose wichtigen Symptome heraus. Es sind also die vier großen A's der Schizophrenie: Ambivalenz, Autismus, Affektveränderung und Assoziationsstörungen.

Hierbei wäre noch zu ergänzen: Die Längsbetrachtung des Lebens der Johanna beweist unübersehbar ihre Geisteskrankheit. Greift man noch auf die Symptome erster Ordnung nach K. Schneider zurück – nicht jedoch identisch mit den Primär-Symptomen E. Bleulers –, so kann man von einer Wahnwahrnehmung bei Johanna sprechen: Es ist die aus der Umdeutung von Wahrnehmungen entstandene Wahnidee: Ihre Hofdamen hinderten sie, ihren religiösen Pflichten nachzukommen. Direkte Wahnidee dann: Die wilde afrikanische Katze habe ihre Mutter Isabella und die kleine Infantin schon verschlungen.

Daß sich eine solche chronische Psychose nach fünf bis zehn Jahren abschwächt, sodaß manche Kranke zeitweilig unauffällig wirken, ist jedem Krankenhauspsychiater bekannt; aber auch, daß solche chronischen Psychosen immer wieder aufflackern, sogar heute unter der Dauerbehandlung mit Psychopharmaka.

Aber auch dies trifft zu – wenn auch nicht immer und heute noch weniger als in der Zeit vor den Psychopharmaka: Solche jahrzehntelang internierten Kranken können einige Stunden vor dem körperlich bedingten Verlöschen ansprechbarer werden, wie es auch bei Johanna gewesen ist.

Bekannt ist weiterhin, daß keineswegs eine Geisteskrankheit in der nächsten Generation aufzutreten braucht, jedoch oft in der dritten durchbricht. Allerdings kommt es immer auf das Maß der geistigen Gesundheit beim Ehepartner an; Pfandl betont in dieser Frage vor allem die geistige Gesundheit, körperliche Kraft und Gewandtheit Philipps des Schönen.

In seiner Biographie über Johanna nennt er noch die folgenden Generationen: Bei Karl V. und Philipp II. weist er auf die mangelnde Entschlußkraft bei beiden Herrschern hin, die dann in die eiserne Härte des einmal gefaßten Entschlusses umschlug. Ihre „Hinneigung zur Depression" sei ein weiteres Merkmal beider Männer, das „sie der kranken Johanna als unmittelbares Erbteil verdanken".

Bei Don Carlos heißt es dann: ein körperlich schwächlicher und verwachsener Krüppel und Stotterer, von krankhaftem Heißhunger erfüllt (wie der Großvater Karl V. – der Referent), jähzornig, unverträglich, eigensinnig und gewalttätig, an Verstand ein Kind, an Ehrgeiz ein Narr. In seinem Hirn schlummere der Wahnsinn der Urgroßmutter, der nur des Anreizes einer heftigen Erschütterung harre, um loszubrechen – er der Thronerbe einer europäischen Großmacht[97]. Bei ihm sei der zündende Funke gewesen, als er sich klar wurde, daß seine Gefangennahme durch seinen königlichen Vater ein Dauerzustand war. Gleich wie seine Großmutter Johanna sei Don Carlos von diesem Augenblick an „ein tobsüchtiger Irrer mit lichten Zwischenräumen von wechselnder Dauer gewesen[98].

Ob der Fall einer Nekrophilie im engeren Sinne bei Johanna vorlag, muß nach Pfandl offen bleiben: Er schreibt, keine einzige zuverlässige Quelle verbürge, daß Johanna den Leichnam noch wochenlang nach Eintritt des Todes mit Küssen bedeckt oder gar sich mit ihm eingeschlossen habe. Vielmehr habe man dies im Laufe der Zeit freihändig hinzugedichtet[99].

Allerdings glaubt man beim Lesen gerade der ehelichen Sphäre eine moralische Enge bei Pfandl zu spüren: Wie schon erwähnt charakterisiert Pfandl die Ehe zwischen Johanna und Philipp als unter den „Anzeichen und Merkmalen einer sinnlosen (wieso sinnlos?) Leidenschaftlichkeit" geschlossen[100]. Des weiteren führt er eine „genaue Liste ihrer (nämlich Johannas) Nachkommen auf, die in der Art ihrer zeitlichen und örtlichen Aufeinanderfolge sehr lehrreich" sei – wieso, fragt man sich wiederum! Johanna „die Fruchtbare" wird in den letzten sechs Jahren ihrer Ehe noch drei Mädchen und einem Knaben das Leben schenken – hält man sich die damaligen Verhältnisse vor Augen, so war das keineswegs unüblich: z.B. bei Albrecht Dürer, dessen Mutter achtzehnmal geboren haben soll. Die Frau Franz des I. von Frankreich soll zwölfmal in vierzehn Jahren geboren haben. Johannas Sohn Ferdinand I. (1503-1564) zeugte mit Anna von Ungarn vierzehn Kinder, drei Söhne und elf Töchter.

Nach heftigen Streitigkeiten der Eheleute morgens schreibe Johanna ihrem Gemahl einen leidenschaftlichen Brief, die sinkende Nacht vereine beide „wieder in ehelicher Eintracht und Versöhnung"[101]. Denn: Johanna „kennt an ehelichen Pflichten nur das Bett". Schon im „Zustande einer langsamen Verblödung wirbt Johanna nur noch um die Pflicht der körperlichen Fortpflanzung"[102].

Auf v. Höfler geht zurück, daß Johanna den Leichnam mit „Ergüssen ihrer Zärtlichkeit" überschüttet habe[103]. Im Quellenverzeichnis führt Pfandl v. Höfler an und zitiert ihn auch z.B. S.53 bei sonst spärlichen Zitaten im Text.

Nimmt man sich die sorgfältige Studie des Constantin Dr. v. Höfler – er war ein „wirkliches Mitglied der Kaiserlichen Akademie der Wissenschaften"[104] – nochmals vor, so kann man als Laienhistoriker nur feststellen, daß v. Höfler viele zeitgenössische Berichte, Zeugnisse und Briefe verwertet hat. Man trifft auf Sätze, die man in späteren Abhandlungen anderer Autoren wiederum findet, oft wörtlich. Streicht man jedoch das Zeitverhaftete ab, z.B. die besondere Betonung des Hauses Habsburg, manche Zensuren, die nicht angebracht sind, so hat v. Höfler ohne Verbrämung den „Wahnsinn" der „Königin von Leon, Kastilien und Granada" dargestellt, auch wenn er medizinische Autoren seiner Zeit nicht heranzieht, auch nicht, soweit die in Fußnoten angegebene Literatur Rückschlüsse erlaubt, die Darstellung des Seelenarztes Bird. Manche seiner Sätze klingen aber ganz ähnlich, wobei man nicht unterscheiden kann, ob beide Autoren aus den gleichen alten Quellen geschöpft haben. Sicher kann man jedoch sagen: an dem „Wahnsinn" der Johanna von Kastilien besteht für v. Höfler kein Zweifel:

Er führt „den Hang zur Melancholie" des kastilischen Königshauses auf jene Königin Isabella, Prinzessin von Portugal, zurück, die Gemahlin des Johannes II. von Kastilien († 1454), des Vaters der großen Isabella, die Jahrzehnte ihren Ehegatten überlebt hatte und „nach langem Irresein" am 15. August 1496 auf dem Schloß zu Arevab verstorben war. Eine Reihe von Jahren hatte sie auf dem Schloß in Tordesillas zugebracht, wo später ihre Enkelin Johanna die Wahnsinnige 47 Jahre hospitalisiert lebt.

Hier wäre noch zu ergänzen, daß die Tante dieser 1496 im geistigen Siechtum verstorbenen Isabella die 1397 geborene Isabella war (sie starb 1471), die 1429 Philipp den Guten, Herzog von Burgund heiratete; ihr Sohn war Karl der Kühne (1433-1477), also der Vater der Maria von Burgund, der ersten Frau Kaiser Maximilians und somit Mutter Philipps des Schönen.

Aber auch die Mutter Maximilians I. war eine portugiesische Prinzessin, nämlich Leonore (1434-1467), die den Vater Maximilians, den Kaiser Friedrich III. („der Langlebige" 1415-1493), geheiratet hatte. Ihr Vater König Duarte(1391-1438) war ein Bruder des Johann (1400-1442), also des Vaters der am 15. August 1496 verstorbenen geisteskranken Isabella.

Schon nach den ersten Ehemonaten in Brüssel schreibt v. Höfler über Johanna, sie sei nur das liebende Weib gewesen, es schien, als ob sie alle Selbständigkeit entbehre, „eine offenbar indolente Natur"[105]. In einem Bericht vom 15.1.1499, den v. Höfler heranzieht, heißt es, daß Johanna alles willenlos unterschreibe, was man ihr vorlege[106]. Mit dem Wort „indolent" wollte v. Höfler wahrscheinlich auf die Geburt Karls V. hinweisen: Johanna habe sich inmitten eines Festes am 24.2.1500 in ein Kabinett („das man zu vermeiden pflegt") zurückgezogen, ihre wegen ihres Ausbleibens unruhigen Damen fanden sie dort in Wehen, wenige Augenblicke später habe „an einem nichts weniger denn königlichen Ort Prinz Karl das Licht der Welt erblickt"[107]. V. Höfler läßt keinen Zweifel aufkommen, daß Johanna schon über zwei Jahre vor dem Tode Philipps des Schönen nicht mehr Herr ihrer Sinne war:

nach der Abreise ihres Gemahls aus Spanien am 19.
Dezember 1502 hätten weder Vorstellungen noch Zureden, nicht die kostbarsten Geschenke in Gold und
Juwelen, nicht einmal die Hoffnung der baldigen
Rückkehr ihres Gatten die Königin aufrichten können.
„Sie verfiel in jenes dumpfe Hinbrüten, das sie Tag und
Nacht nicht mehr verließ, ihr ganzes Leben übermannte"[108]. Und im November 1503 heißt es über die Königin, sie habe gleich einer afrikanischen Löwin im
Schloßhofe umhergetobt, die bitterkalte Nacht dort
verbracht, taub gegen alle Vorstellungen[109]. Auch nach
der Rückkehr an den Hof in Brüssel nahm die Neigung
zu schweren krankhaften Erregungszuständen zu; auch
v. Höfler nennt die tätliche Auseinandersetzung der
Johanna mit der niederländischen Hofdame, der sie „das
reiche blonde Haar abschnitt und mit der Schere das
Gesicht zerfleischte". Im Sommer 1504 – so Höfler –
nahmen ihre Seltsamkeiten zu. Vor allem: nicht erst
nach dem Tod ihres Gemahls habe Johanna im dunklen
Gemach dagesessen – dieses dunkle Gemach sei für
Spanierinnen keine fremdartige Sache gewesen –, sie
jedoch habe, das Kinn auf die rechte Hand gestützt,
regungslos dagesessen und ins Leere gestarrt. Und in
Spanien habe man sie für behext gehalten; man habe es
für unmöglich erachtet, daß einer so ausgezeichneten
Mutter eine so ungleiche Tochter zur Seite stehe[110].
Und vor der endgültigen Abreise aus den Niederlanden
am 7. Januar 1506 führt v. Höfler über Johanna aus,
wer sei imstande, den Irrgängen eines weiblichen Gemütes nachzugehen, das von wahnsinniger Liebe zum
leidenschaftlichen Haß gehaltlos hin und her taumle,
nur von Launen beherrscht. Nach der Ankunft in Galicien zwang sie ihren Gemahl, das weibliche Gefolge
zurückzusenden, sie selbst schloß sich ein. Gelten bei

Historikern die Berichte der venezianischen Gesandten als die besten ihrer Zeit, so zitiert v. Höfler aus einem solchen Bericht, daß das, was die Königin tue, beweise, „daß es mit ihr nicht richtig sei"[111].

Und schon vor dem Tod ihres Mannes trugen ihre Antworten die Spuren der Umnachtung ihres Geistes[112] Auch der getreue Freund der verstorbenen Königin Isabella, der Primas von Spanien und Erzbischof von Toledo, war „von ihrem Wahnsinn überzeugt". Als weitere Absonderlichkeit hielt man fest, daß die Königin im August 1506 vor dem Schloß von Coxeres, wo sie übernachten sollte, erklärte, sie werde es nicht betreten, und ohne jede weibliche Begleitung die ganze Nacht auf ihrem Maultier sitzen blieb. Und nach dem Tod ihres Vaters Ferdinand bestand für drei vornehme Aragonesen kein Zweifel, daß die Königin seit langer Zeit den Verstand verloren habe; ihr Verhalten habe keinen Zweifel an ihrer Geisteskrankheit bestehen lassen. Mehrfach weist v. Höfler darauf hin, daß sich die Königin zu Tode gehungert hätte, wäre man nicht zu Gegenmaßnahmen geschritten. Und nur wenn Don Francisco (= Franz von Borja) 1553 zur Königin gegangen sei, habe ihr „Toben" nachgelassen.

Während Pfandl den Tod der Königin geradezu dramatisch schildert, bringt zwar v. Höfler auch diese Version, jedoch auch zwei andere, die verhaltener klingen, somit ein weiterer Hinweis auf seine glaubhafte und kritische Darstellung.

Hinweglesen muß man allerdings über manche moralische, zeitverhaftete Wertungen wie: Die Königin habe den Beweis geliefert, daß auch der Wahnsinn sie nicht abhalte, Kinder in die Welt zu setzen – hier bürdet v.

Höfler der geistig schwerkranken Frau eine Kritikfähigkeit auf, die sie niemals mehr aufbringen konnte.

Was findet man bei v. Höfler über die nekrophilen Akte von Johanna der Wahnsinnigen? Alles in allem nur wenig, auch hier hält sich v. Höfler in seiner Darstellung sehr zurück: Schon bei seiner Beschreibung des Todes Philipps des Schönen kann man heute aus den vorgelegten Symptomen keine Diagnose mehr stellen. Nach dem Verlauf und den „roten und schwarzen Flecken" lag – sehr wahrscheinlich – eine Infektionskrankheit vor. Ob es wirklich „Blattern", also Pocken waren, muß ungeklärt bleiben. Sicherlich hat das Aderlassen und Purgieren mit zum raschen Kräfteverfall beigetragen. Erst am 19. September vertraute sich Philipp seinen Ärzten an, nachdem er noch am 16. September einen Spazierritt gemacht und sich am Ballspiele – „das er sehr liebte" – beteiligt hatte. Am 24. hatte ihn die Krankheit – nach v. Höfler – so überwältigt, daß man ihm die letzte Ölung geben wollte. Nachdenklich muß stimmen, wenn v. Höfler ausführt, die Königin habe den erkrankten, den sterbenden Gatten keinen Augenblick verlassen, selbst die Arzneien gekostet, „um den Verdacht einer Vergiftung abzuwälzen" – von wem abwälzen? fragt man sich! Von der ihm feindlichen Umgebung? Da sein Schwiegervater Ferdinand I. ihm feindlich entgegentrat? Von ihr selbst, der Königin? Die Antwort muß auch hier offen bleiben.

Klar hat man sich zu machen, daß Philipp der Schöne schon mit 28 Jahren verstarb, daß seine Witwe erst 26 Jahre zählte, sie einer neuen Entbindung entgegenging und vier Kinder in Brüssel gelassen hatte, um die sie sich wegen ihrer geistigen Störung niemals mehr kümmern noch nach ihnen fragen konnte.

In der heutigen Zeit glaubte man die Psychosomatik entdeckt zu haben, also die Wirkung von psychischen Einflüssen auf körperliche Erkrankungen. V. Höfler führt einen Hofmann an, der das Verhalten der Königin am Bett ihres sterbenden Mannes schilderte und der später keine Bedenken hegte, zu schreiben, daß der Kummer, welchen das Betragen der Königin ihrem Gemahl verursacht habe, „ohne Widerspruch eine der Hauptursachen seines Todes gewesen" sei[113].

Denn, so schließt v. Höfler seine Schilderung, Philipp der Schöne sei zuletzt doch Opfer eines täglichen und stündlichen Kampfes mit seiner Frau geworden, eines Kampfes, „der aus dem Gestern neuen Anlaß nahm, um das Heute zu verbittern und das Morgen trostlos zu machen"[114].

Man sezierte und balsamierte die Leiche des verstorbenen Königs ein. Vorangegangen war eine makabre Leichenfeier, als man den toten Philipp mit Hermelin und Brokat bekleidete, ihn auf einen Thron setzte, und dann die Herren des Domkapitels „nach französischem Gebrauch" an ihm vorbeizogen. Bei der Sektion entfernte man die Eingeweide und das Gehirn – so hatten es schon die alten Ägypter mit ihren vornehmen Toten gehalten –, füllte den Körper mit Gewürzen auf, überzog ihn mit Kalk und umband ihn mit weichen Tüchern. Dann legte man ihn in einen Doppelsarg von Blei und Holz.

Sein Herz brachte man in einer goldenen Kapsel nach Brügge zum Grabe seiner Mutter Maria von Burgund. Als die französischen Revolutionssoldaten 1793 in die damaligen österreichischen Niederlande (die etwa das heutige Belgien und Luxemburg mit Ausnahme des Bistums Lüttich umfaßten) einfielen, kippten sie die

Sarkophage Marias und ihres Vaters Karl des Kühnen um und plünderten sie leer.

Die oben angeführte Art des Einbalsamierens verhinderte den natürlichen Zerfall des Körpers und ließ zumindest für eine gewisse Zeit ein Öffnen des Sarges und Berührungen oder Zärtlichkeiten zu.

Was bringt v. Höfler an Hinweisen auf nekrophile Akte der geisteskranken Königin? Wie schon erwähnt, nicht viel:

Nach der Begräbnismesse habe Johanna den Sarg öffnen lassen, „um die Füße des Verstorbenen mit ihren Küssen zu bedecken"[115]. Man habe sie mit Gewalt wegbringen müssen. Jedoch sei sie jede Woche wieder gekommen und habe „die Szene von Neuem" begonnen. Ihre Trauerkleider habe sie jeden Tag gewechselt, mal habe sie religiöse, dann wiederum weltliche Kleider angezogen. Am Tage „Aller Heiligen" habe die Königin nach einem Gottesdienst in Miraflores am Nachmittag in Burgos den Sarg ihres verstorbenen Gemahls durch den Bischof von Burgos aufschließen lassen, sie habe die Leiche ohne Tränen oder Wehklagen nur berührt. Ein zeitgenössischer Bericht sagt, sie habe sich nur überzeugen wollen, daß die Flamen die Leiche nicht fortgebracht hätten. Nach einer anderen Überlieferung habe ein Mönch wissen wollen, daß ein früherer König von Kastilien nach Jahren wieder zum Leben zurückgekehrt sei. Am 20. Dezember reiste die Königin aus dem verseuchten Burgos ab und nahm die Leiche mit. Sie habe unterwegs in den Häusern eines Priesters gewohnt, hier habe sie sich „ungestört den Ergüssen ihrer Zärtlichkeit überlassen" können[116].

Diesen Satz findet man auch bei Spoerri. Für die nächsten Jahre bis zur Hospitalisierung in Tordesillas berichtet v. Höfler nur – und mehr nebenbei –, daß die Königin nachts mit der Leiche ihres Gatten gezogen sei, in Tordesillas habe man (am 15. Februar, nach einer anderen Quelle am 15. März 1509) die Leiche Philipps in der Kirche von St. Clara so untergebracht, daß die Königin sie von ihren Gemächern aus habe sehen können[117].

Weiteres über etwaige nekrophile Betätigungen der Königin findet man nicht mehr bei v. Höfler. Es heißt nur auf Seite 379, ihr Wahnsinn habe System angenommen. Sie habe immer noch auf die Rückkehr ihres Gatten gehofft; nur gezwungen habe sie Nahrung zu sich genommen, nachdem ihr Vater bei einer früheren Nahrungsverweigerung „Zwangsmaßnahmen" gestattet habe – wahrscheinlich hat man sie mit leichter oder stärkerer Gewalt füttern müssen[118].

Bei Besserung ihres jeweiligen Zustandes scheint man die Königin freier gelassen zu haben; so habe sie gelegentlich die Häuser von Einwohnern in Tordesillas besucht, und man habe sie daraus nur mit Mühe zurückgebracht[119].

Somit muß bei dem jetzigen Stand der historischen Kenntnisse offen bleiben, ob es wirklich nur eine spätere Legende ist, was von Höfler über Johannas nekrophile Akte berichtete, faßt man Nekrophilie eng, also die sexuelle Vereinigung mit einem Toten.

Nekrophihe weiter gefaßt im Sinne des sexuell getönten näheren Umganges mit einem Toten besagt, daß Johanna die Wahnsinnige, Königin von Kastilien, Leon, Navarra Granada später auch von Neapel und Sizilien, in die Gruppe der Nekrophilen einzureihen ist.

Ferner steht ohne jeden Zweifel fest, daß Johanna die Wahnsinnige, Ur- und Stamm-Mutter des spanischen Königshauses (es starb 1700 aus) und des österreichischen Königs- bzw. Kaiserhauses (es regierte bis 1918), an einer schweren und chronischen Geisteskrankheit litt – nach der heutigen psychiatrischen Auffassung an einer paranoid-halluzinatorischen schizophrenen Prozeßpsychose –, die sie untauglich zur Übernahme von Herrscherpflichten machte und ihre lebenslange Hospitalisierung erzwang.

3. Exkurs: *Eigene Erfahrungen mit einem nekrophilen Patienten*

Den hier aufgezeigten Fall hat der Referent sechs Jahre hindurch bis zum Tode des Patienten behandelt, aber auch diagnostisch geklärt. –Der am 21.12.1919 geborene E. L. ist das einzige Kind einer Ehe schwieriger Eltern: Der intelligente Vater, als Buchhalter angesehen, hatte vorehelich mit einer, wie die Ehefrau später meinte, „wüsten Frau" eine Tochter gezeugt. Diese Frau zog mit dem Kind ins Ausland, setzte jedoch später die Siebzehnjährige auf die Bahn, sie stand eines Tages vor der Haustür des Vaters, der sie in seine Familie aufnahm. Jedoch habe bei ihm durch die jahrelange Entfernung das Empfinden für das nahe Verhältnis zwischen Vater und Tochter nicht aufkommen können. Es kam zu Intimitäten; als diese ruchbar wurden, ging der Vater mit der Tochter in den Wald, man fand beide einige Tage später erschossen vor. „Sie lagen da wie ein Liebespaar", sagte später die Mutter zu dem Referenten. Das Gleiche war auch in den amtlichen Berichten niedergelegt.

Die 1895 geb. Mutter Emma L. wurde wegen einer damals sogenannten Wochenbettpsychose in einer psychiatrischen Klinik, dann in der 1940 aufgelösten ehemaligen Heil- und Pflegeanstalt Illenau/Achern behandelt, von wo sie als chronischer Fall am 17.9.1919 in die damalige Anstalt E. verlegt wurde. Leidlich gebessert entließ man sie am 22.3.1921. Die Krankengeschichte konnte man nicht mehr finden, wahrscheinlich war sie infolge der vielfachen Hospitalisierungen des Sohnes einmal ausgeliehen und nicht mehr zurückgestellt worden.

Bei der Rücksprache mit dem Referenten am 23.2.1962 – er hatte von der Erkrankung der Mutter seines Patienten L. nichts gewußt – machte sie auf ihn unverkennbar einen schizophrenen Eindruck. Bei der Frage, warum sie psychiatrisch behandelt hatte werden müssen, erklärte sie: „Ich habe die Liste gekriegt" (?) – sie meine damit, sie sei eben bestraft worden. Bei der Erörterung der notwendigen Hospitalisierung ihres Sohnes erklärte sie: „Das waren halt so die ganz allgemeinen Zustände und die Folge des Krieges, die nicht auszuhalten waren" (Wie meinen Sie das?) „Die beständigen Gefahren auf der Straße haben dies bewirkt."

Geburt und frühkindliche Entwicklung des L. verliefen normal; nach Schuleintritt fiel L. durch Unruhe und Aufsässigkeit auf, der Hausarzt Dr. L. bedrängte die erziehungsunfähige Mutter, den Jungen in eine heilpädagogische Anstalt zu geben. Die Mutter wich jedoch aus, ließ den Bub in der Klinik untersuchen, wo man einen „angeborenen Schwachsinn" annahm. L. kam als Privat- nicht jedoch als Fürsorgezögling in einem Heim in der Pfalz unter. Der damalige Direktor der für das Heim zuständigen Heil- und Pflegeanstalt L. untersuchte und begutachtete mehrfach den L.; sowohl am 13.3.1930 wie auch am 23.3.1931 führte er aus, daß er die von der Klinik gestellte Diagnose eines angeborenen Schwachsinnes nicht bestätigen könne, jedoch handele es sich um einen Jungen mit einer geistig abnormen Konstitution, wahrscheinlich Erbteil von der Mutter. Die in dem Gutachten der Klinik vom 28.2.1929 festgestellte mangelhafte Gefühlsansprechbarkeit und Zerfahrenheit und Erregbarkeit mußte allerdings Herr Direktor K. ebenfalls bestätigen. Der Bub sei zappelig, vernachlässige sein Äußeres, neige sehr zur Onanie und nässe gelegentlich ein. Heiteren und unbeschwerten

Gemütes gerate er laufend in Streit mit seiner Umgebung, sei dabei oft überempfindlich. Am 8.11.1934 hielt man fest: „In letzter Zeit dauernd unrein, beschmiert die Hosen, grimassiert stark und ist übertrieben wehleidig. Bei der Arbeit oft zerfahren." Nach der Schulentlassung wurde L. in der Gärtnerei des Heimes beschäftigt; jedoch zeigte er sich so zerfahren und unselbständig, daß man ausschließen mußte, daß er je draußen im freien Leben sich sein Brot verdienen könne.

Aufgrund vielfacher Gesuche und Briefe seiner Mutter wurde L. Ostern 1935 zu ihr entlassen; die Mutter lief sich zwar die Beine ab, ihrem Jungen eine Lehrstelle zu besorgen, jedoch schwänzte dieser laufend die Fortbildungsschule, hielt es nur neun Monate bei einer Bäuerin in M. aus, die ihn wegen Untragbarkeit nach Hause schickte. Im April 1936 fand die Mutter wieder eine Stelle bei einem Bauern in W. , doch hänselte und handelte L. mit allem und jedem, daß man ihn im Dezember 1936 nach Hause schickte. Auch auf weiteren Lehrstellen hielt er es nie lange aus, kam, wie es in einem Bericht hieß, nach kurzem immer in Konflikt mit seiner Umgebung, neckte die anderen Lehrbuben; man schickte ihn weg, da man ihm nichts beibringen könne. Zu Hause schlug er die Mutter; in einer heilpädagogischen Beratungsstelle nahm man, so nach dem Gutachten vom 30.3.1936, eine Imbezillität an, L. sei berufsunfähig, fraglich sei sogar, ob man ihn in einem landwirtschaftlichen Betrieb unterbringen könne.

Untragbar wegen seines aggressiven Verhaltens zu Hause griff das Staatliche Gesundheitsamt in F. ein, nach den umfangreichen Unterlagen attestierte man einen „Schwachsinn bei starken psychopathischen Eigenschaften."

L. wurde vom 25. 3.-24. 7.1937 in der Klinik stationär behandelt. Aufgrund der damaligen Rechtslage mußte man einen Antrag auf Sterilisation stellen, jedoch machte sich das Erbgesundheitsobergericht in K. die Sache keineswegs einfach, forderte vielmehr ein neues Gutachten von der Direktion der damaligen Heil- und Pflegeanstalt E. an. Auf der Grundlage ganz ausführlicher, mehrere Seiten umfassender Testuntersuchungen, in dem Gutachten niedergelegt, kam man zum Ergebnis, es liege eine Minderbegabung vor, aber es hieß weiter: „Einen sicheren schizophrenen Hintergrund haben wir nicht herausarbeiten können."

Nach Durchführung der Sterilisation am 2.8.1937 war L. vom 5.10.1938-3.2.1941 in E. hospitalisiert. In den Krankenblättern heißt es durchgehend, er sei unstet, unbeherrscht, immer der gleiche unruhige Geist auf der Station, vor allem gefühlsroh, kaum beeinflußbar. Häufig war L. in Schlägereien verwickelt, machte jeden Spektakel mit, betätigte sich „als Frau" mit anderen Homosexuellen, versprach alles und jedes, schwor alle Eide, hielt aber nichts. Nur unter einer strengen Führung wurde L. langsam ruhiger, man gab ihn am 3.2.1941 in Familienpflege, allerdings kam er von dort am 25.9.1941 wegen eines Trittes in den Oberschenkel durch ein Pferd zurück. Eine Pleuritis exsudativa erzwang eine stationäre Behandlung vom 7.3.-27.5.1942; nach einer weiteren mäßigen seelisch-geistigen Besserung und Festigung konnte er am 11.3.1943 seiner Mutter mitgegeben werden.

Am 23.12.1949 wurde L. erneut zur Hospitalisierung nach E. gebracht: Zur Zwischenanamnese gab er an, er habe nach der Entlassung 8-10 Monate in einem Weinbauinstitut gearbeitet, dann habe man ihn entlassen „ich glaube wegen ungenügender Arbeit, nehme ich halt an", er habe dann bei Möbelfirmen gearbeitet, sei auch mal kurz Hilfsarbeiter in einer Klinik gewesen.

Die harmlosen Angaben standen allerdings in schroffem Gegensatz zu objektiven Berichten: Die Mutter mußte nach tätlicher Auseinandersetzung des Sohnes mit ihr und anderen Hausbewohnern die alte Wohnung infolge eines Gerichtsbeschlusses räumen, zumal der Sohn sich laufend auf dem Balkon so hinstellte, daß man ihn beim Onanieren sah. Auf dem Messeplatz entblößte er sein Glied, er rieb daran, die Polizei nahm ihn fest, ließ ihn dann aber nach Belehrung laufen. Die Mutter entschuldigte das Fehlverhalten ihres Sohnes mit dem Hinweis, es sei doch alles ganz belanglos, der Sohn agiere noch als Kind! Beim Reinigen der Treppen oder beim Aufhängen der Wäsche im Hause versuchte er, unter die Röcke der Frauen zu schauen oder auch kurz zuzugreifen. Unter der Treppe eines Kinos legte er sich versteckt hin, um sich durch den Anblick der Frauen zu erregen und zu onanieren. Der Hausbewohner Walter K. gab 1948 zu Protokoll, daß er den L. bereits seit 1944 kenne, er sei ein Spanner in den Toiletten, vor allem völlig unberechenbar in seiner Ausfälligkeit, er drohe jedem mit Totschlag, der ihm entgegentrete, man fürchte sich allgemein vor ihm.

Am 21.4.1948 wurde der Kriminalpolizei gemeldet, daß L. „wegen sexueller Perversitäten" auf frischer Tat ertappt, als Hilfsarbeiter aus der Klinik habe entlassen werden müssen.

Bei seiner polizeilichen Vernehmung gab L. unumwunden und „ohne große Rührung" – wie es hieß – und so, als ob die ganze Sache ganz harmlos sei, an, daß er in der Leichenhalle der dortigen Klinik etwa sechs Leichen mißbraucht habe.

„Ich habe immer in der Leichenkammer nachgesehen, wenn ich wußte, daß eben von der B-Station Leichen in die Kammer getragen wurden, die Kammer war ja nicht verschlossen, so daß ich jeden Tag in die Kammer ging. Dort habe ich die Leichen aufgedeckt und zwar zur Hälfte, bis eben ihr Geschlechtsteil frei war. Die weiblichen Leichen waren alle unbekleidet. Dann habe ich die Beine der Leichen gespreizt und bin dann auf die Leichen gestiegen. Ich habe dann meinen entblößten Geschlechtsteil in die Scheide der Leichen gedrückt und bin dann hin- und hergefahren, bis ich Samenerguß hatte. Dann stieg ich von der Leiche herunter und habe sie wieder zugedeckt. Die Beine habe ich dann immer zusammengelegt. – Einmal hat mich dann der K. erwischt und ich wurde entlassen. Die Frauen habe ich alle nicht gekannt, eine war etwa 25 Jahre alt." Der damalige, den L. vernehmende Polizeibeamte setzte unter seinen Bericht noch, das Verhalten des Täters zeige, daß er „irgendeinen geistigen Defekt haben" müsse. L. blieb dann vom 23.12.1949 bis zwei Tage vor seinem Tod in E. hospitalisiert, mit Ausnahme einer chirurgischen stationären Behandlung vom 21.8.-29.8.1960 wegen eines Leistenbruches.

Bei der Aufnahme am 23.12.1949 zeigte sich L. ruhig und geordnet, im wesentlichen aber gleichgültig. („Warum hierher?") „Zur Untersuchung bin ich von der Polizei hierher gekommen, angestellt habe ich gar nichts." (Keine Verfehlungen?) „Ich weiß jetzt davon nichts mehr, das will ich jetzt aufstecken, das geht jetzt nicht mehr auf Dauer, das hat auch keinen Wert, das habe ich auch der Mutter versprochen."

In den ersten Jahren seiner Hospitalisierung mußte man in den Krankengeschichten immer wieder festhalten, daß L. sich mit jüngeren Männern auf der Station homosexuell betätigte; man versuchte mit allen Mitteln, ihn zu einer Tätigkeit außerhalb der Station zu bewegen, um den anderen Kranken etwas Ruhe vor seiner ständigen Umtriebigkeit zu verschaffen.

Ab und zu zerschlug er Scheiben, hängte sich an den Gittern der Klosetts hoch, schaute hinaus und onanierte, gleichgültig, ob jemand vorbeiging oder nicht. Er rauchte stark und las unermüdlich Liebes- und Schundhefte, ohne irgend etwas von dieser Lektüre wiedergeben zu können, fragte man ihn nach dem Inhalt dieser Hefte. Mit seiner Pfeife war er, wie einmal festgehalten, „völlig verwachsen, glimmt diese, ist er mit sich und der Welt zufrieden". Im Oktober 1962 heißt es, die Entwicklung des L. verlaufe im Sinne einer zunehmenden Enthemmung; er habe sich jetzt im Bad verbarrikadiert; als man ihn herausholen wollte, habe er blitzschnell acht Scheiben zerschlagen, dann gelacht und gerufen, „ich bin halt ein bißchen verrückt". Im Sommer 1963: „Macht oberflächlich einige Hausarbeiten, gefällt ihm etwas nicht, pumpt er sich in wenigen Augenblicken hoch, man muß ihn isolieren, sonst zerschlägt er die Scheiben und zerreißt sich die Kleider." Körperlich ging es dem großen und kräftigen Mann vorzüglich, nur seine starke Myopie von minus 6 Dioptrien machte ihm etwas zu schaffen. Immer mußte man niederschreiben, er mache sich entsetzlich viel Platz auf der Station mit seinen Ellenbogen und man müsse die anderen Kranken in ihren Rechten vor ihm schützen.

Erst nach Verabreichung von Psychopharmaka konnte man L. an eine regelmäßige Tätigkeit gewöhnen, er entwickelte sich zunehmend als Könner für das Flechten bestimmter Matten, allerdings mußte man ihm einen kleinen Einzelraum bereitstellen.

Die Mutter besuchte ihn alle drei bis vier Wochen; im Besuchszimmer gab es dann ein großes Geschmause mit Kuchen und Kaffeetrinken; die Pfleger berichteten, Mutter und Sohn turtelten wie Tauben, der Sohn habe ungeniert seine Mutter mal hier, mal dort abgegriffen, man habe sich aus der Befürchtung, daß es zwischen Mutter und Sohn zu weiterem komme, niemals aus dem Besuchszimmer entfernen können.

Am 20.2.1964 glaubte der Referent, nachdem er Monate hindurch genauer den L. beobachtet und bei den täglichen Visiten gesprochen hatte, im Krankenblatt festhalten zu können:

„Das ganze burschikos-flache Verhalten des Kranken zusammen mit der mütterlichen Belastung und der Beobachtung, daß er oft vor sich hinspricht oder lacht, auch häufig im Arbeitsraum laut vor sich hinsingt, läßt zumindest doch daran denken, ob früher nicht einmal ein schizophrener Schub über den Kranken gekommen war. Hat niemals den Wunsch nach Freiausgang, fragt nie nach Entlassung, verrichtet aber seine Arbeit in der Mattenflechterei zur vollen Zufriedenheit. Fühlt sich hier völlig ausgelastet und geborgen. Keine Medikation."

Da der Referent damals in seinen diagnostischen und therapeutischen Möglichkeiten eingeengt war, konnte er nur verhalten am 3.3. 1965 im Krankenblatt vermerken:

„Der Kranke hatte nach Auffassung des Referenten in den letzten Tagen wieder einen schizophrenen Schub, wenn auch schwächerer Ausbildung, durchgemacht. Wie bereits früher angedeutet, wirkte dieser unverkennbar wie ein hebephrener Defektzustand. Der jetzige Zustand fing am 30.1.1965 an, als er wegen anfallsartiger Zustände vom Pfleger beobachtet wurde. Sicherlich handelt es sich nicht um einen epileptischen

Krampfanfall oder Dämmerzustand, wahrscheinlich nur um die früheren Psychiater-Generationen bekannten Verkrampfungszustände defektschizophrener Kranker. In den nächsten Tagen maximal erregt, wie er jetzt berichtete, muß er 3-4 mal onanieren. War unbekleidet am Fenster, setzt sich ins Klosett, ebenfalls unbekleidet, war erheblich desorientiert, glaubte, wie er jetzt berichtete, daß jemand hinter ihm her sei. Schaute sich laufend um. Führte ununterbrochen Selbstgespräche. Kam mit anderen Patienten in Streit, warf am 3.2.1965 dem Patienten H. einen Stuhl nach, daß dieser zerbrach. Kratzte sich wütend die Unterarme, aber auch den Kopf auf; auf Befragen erklärte er immer wieder, er sei „besinnungslos und bewußtlos" gewesen, er könne sich nicht daran erinnern. Es könne aber sein, daß er etwas in sich habe herauslassen wollen. Es sei dies alles so schwer zu schildern.

Dieser Zustand einer Desorientiertheit, maximalen Erregung, laufender Selbstgespräche, das Reden mit nicht vorhandenen Personen, sowie die fast offen onanistischen Handlungen im Klosett, die von jedem zu sehen waren, dauerten bis etwa 3.2.1965. Bei der ausführlichen Exploration, nachdem abends zuvor der Patient vom Referenten nochmals gefragt worden war und er damals eigenartige Hörstörungen im Ohr angab („auf die Frage Stimmenhören ist er geradezu dressiert, diese abzulehnen"), gab jetzt an, er habe kein richtiges Zeitempfinden mehr gehabt. Meint, es sei schon lange gewesen, daß er diesen Zustand der Bewußtlosigkeit gehabt habe. Führt ihn auf die Schlägerei mit dem Patient H. zurück (hatte diesen damals maximal geärgert), er habe sich gewundert, daß der H. plötzlich hochgeschossen sei und ihm einen Stuhl über den Schädel geschlagen habe. Übrigens hat er vor 3 Wochen aufgehört, seinen Romanschinken zu lesen (ein geradezu pathognomonisches Zeichen erster Ordnung, daß der die Schundromane verschlingende L. diese wirklich nicht mehr vor der Nase hatte, wie früher ständig bei den Visiten zu beobachten war). Er meine, schon am 3. Adventsonntag sei es damit „angegangen", mit diesen Verkrampfungen und diesen Anfällen (seine Formulierung). 5-10 Minuten dauere es, er meine, daß es ihn zusammenschnüre. Er werde da von einer Macht geradezu auf den Boden gedrückt. Er verliere nicht die Besinnung, sei aber trotzdem bewußtlos und besinnungslos, er könne das nicht mehr so richtig erklären (keine amnestische Störung, weiß alle Dinge in der Vergangenheit, weiß das Datum, weiß, wann er hier erstmalig entlassen worden ist, wo er gewesen ist usw.). Er habe damals einen Nervenzusammenbruch schwerer Art gehabt, als er die 'Geschichten' (er meint die Nekrophiliehandlungen!) getätigt habe. Das sei jetzt aber lange vorbei, solche Geschichten mache er nicht mehr. Er sei ja damals wegen dieser Geschichten vom Direktor der Klinik entlassen worden (bringt dies alles ungerührt, selbstverständlich ohne die geringste affektive Schwingung vor). Vor allem habe er jetzt unter erheblichen Angstzuständen gelitten, habe Selbstgespräche geführt, mit dem er sich gestritten habe. Allerdings sei der nicht da gewesen. Er habe eben, so eine ganze Bewußtseinsspaltung, wie das eben heißt (eigene Formulierung!). In den Phasen der Bewußtseinsspaltung habe er diese Krämpfe. Ein Teil von ihm sei abgespalten, der andere übriggeblieben. Das nenne er dann einen bewußtlosen Zustand, in dem er nicht wisse, was er tue und was um ihn vorgehe. Er spüre auch so eine Art Vernichtungswahn."

Am 4.2. 1965: „Heute wieder der alte, geschäftige, umtriebige, lachende, aber doch noch irgendwie unsichere

Patient. Sieht ausgesprochen schlecht aus, gibt auch zu, daß er von einem maximalen Sexualdruck (so von außen her!) erfüllt sei.

Differentialdiagnostisch ist nach Auffassung des Referenten nach dem jetzigen Bild und bei Berücksichtigung der Belastung, zumindest von der Mutterseite her, zu erwägen, ob bei dem Patienten nicht ein schizophrener Residualzustand hebephrener Verlaufsform vorliegt."

Und am 29.2.1965 konnte man endlich niederschreiben: „Der Kranke nach wie vor psychotisch aufgefasert, spricht vor sich hin, ist unkonzentriert, lacht ohne jeden Grund vor sich hin, steht Stunden hindurch an der Heizung, schwitzt erheblich, hat ohne Zweifel akustische Halluzinationen, die er jedoch lachend abzustreiten versucht. Dann wieder ein vergnügtes Einverständnis, man wisse doch, was er habe. Wir wüßten ja über seine Krankheit sowieso Bescheid. Auch nach den Pflegerberichten besteht kein Zweifel, daß L. zur Zeit einen schizophrenen Schub durchmacht." – Obwohl stark kurzsichtig und beim Fernsehen unbedingt auf seine Brillen angewiesen, zerschlug er am 15.2.1966 unter dem Diktat seiner imperativen Halluzinationen beide Brillen so, daß er abends beim heißgeliebten Fernsehen ganz nahe an die Mattscheibe rückte.

Am 1.3.1967: „Bohrte im rechten Gehörgang mit einem spitzen Draht, klagte über Ohrenschmerzen, bei Spiegelung sieht man Kratzschrunden, gibt lachend den Vorgang zu, meint: 'Hab halt kleinen Mann im Ohr'."

Die Zahnprothesen paßten niemals richtig, er steckte sie entweder in die Hosen oder wälzte sie laufend im Mund umher (bekam damals keine Psychopharmaka, keine Begleit- oder Nachwirkungen davon!), so daß er sich niemals an das Tragen des Zahnersatzes gewöhnte und somit niemals der Zahnersatz zum Passen kam. Laufend mußte man ihn zum Zahnarzt bringen, der sich immer wieder um eine bessere Paßform bemühte. Die Mutter beschwerte sich in einem fehlerfreien handschriftlichen Brief von 1 ½ Seiten am 25.7.1967 an das zuständige Regierungspräsidium, daß ihr Sohn kaum essen und kauen könne, er wäre krank, sie habe mehrfach beim Zahnarzt Dr. R. vorgesprochen, der jedoch keinen Erfolg erzielt habe. Die Not sei groß, die Gefahr „stehe vor", der Sohn werde krank, wenn er nicht richtig kauen könne, sein Zustand verschlimmere sich laufend. Dabei hatte L., wie auch bei nicht wenigen chronischen Geisteskranken immer wieder festzustellen, mehrfach die Zahnprothese durchbrochen und lief somit zahnlos auf der Station umher.

Das Ende kam rasch: Anfang Oktober 1968 klagte L. über unklare, nicht lokalisierbare Leibschmerzen; man steckte ihn ins Bett, er stieg natürlich laufend heraus, um auf dem Klosett zu rauchen. Am 12.10.1968 rief der Pfleger den Referenten spät abends in seiner Wohnung an, der Zustand des L. habe sich dramatisch verschlechtert. Der Referent fand den Patienten zusammengefallen, dabei stark schwitzend im Bett, der Puls war kaum zu fühlen, der Blutdruck nicht mehr zu messen; unter vorsichtigen Gaben von Kreislaufmittel erholte sich L., jedoch kam es zu einem leichten hirnorganischen Krampfanfall, trotz Infusionen sank der Blutdruck erneut ab. Man verlegte Herrn L. als Eilfall auf die chirurgische Abteilung des Kreiskrankenhauses in E., von wo er nach einer Stunde zurückkehrte, es läge keine Indikation für eine Operation vor. Der Referent konnte ihn zuletzt in der Med. Klinik in F. unterbringen, dort starb L. am 14.10.1968 morgens um 5 Uhr.

Die Diagnose lautete, aufgrund der Sektion: chronisch rezidivierende, noch floride Myokarditis mit starker Dilatation des gesamten Herzens, Hypertrophie beider Herzkammern, Stauungsmilz, Stauungsgastritis, Schockniere.

Anmerkungen

1. Spoerri, Th.: Nekrophilie. Strukturanalyse eines Falles. Basel/New York 1959; Karger
2. Höfler, G. R. v.: Donna Juana, Königin von Leon, Kastilien und Granada. Wien 1885; hier zitiert nach: Spoerri, Th.: a.a.O., S.62
3. Bird, Fr.: Geschichte der Seelenstörung Johannas von Kastilien. Allg. Zeitschrift f. Psychiatrie 5, Berlin 1848; August Hirschwald, S.151-162
4. Fromm, E.: Anatomie der menschlichen Destruktivität. Stuttgart; Deutsche Verlagsanstalt
5. Venzmer, G.: Krankheit macht Weltgeschichte. Stuttgart 1956; Schwab
6. Treher, W.: Hegels Geisteskrankheit. Verlag Treher/Emmendingen 1969. Treher, Wolfgang: Hitler, Steiner und Schreber. Emmendingen 1966
7. Schneider, R.: Begegnung und Bekenntnis. Freiburg/Basel/Wien 1964; Herder, S.212
8. Klages, L.: Alfred Schuler. Leipzig 1940; Barth. – Für die Kosmiker: Wolters, Fr.: Herrschaft und Dienst. Berlin 1920; Bondi
9. George war ein Mensch, der seine Jünger ganz an sich heranzog und keine anderen Götter neben sich duldete; denn wenn aus Verehrung, so bei Henry von Heiseler, nicht Unterwerfung wurde, so verglich George diesen mit dem reichen und verwöhnten Jüngling in der Bibel, der die Größe des Meisters erkennt, aber das letzte Opfer der Hingabe nicht zu erbringen vermag. Gegenüber Hugo von Hoffmannsthal, dem frühreifen Götterliebling, erfuhr George erstmalig seine erste große menschliche Enttäuschung: Daß sein Herrschaftsanspruch von der anderen Seite verweigert werden konnte. (Nach: Heiseler, Berndt von: Stefan George. Lübeck 1937; Coleman Verlag S.15.) Ein zwar weitgehend konservativer, dabei jedoch freier und unabhängiger, wenn auch rebellischer Geist wie der von Ricarda Huch (Ihre Selbsteinschätzung: „Ich war ein geborener Protestant mit einer Vorliebe für Revolutionen und Rebellionen") machte, in München mit ihrem ersten Mann, dem italienischen Zahnarzt Ermanno Ceconi – ihrem „Mannochen" – und der Tochter lebend, die in Wolfskehlscher Weise geübte Vergötterung Georges nicht mit und beschreibt einen Empfang bei George mit kühler Freundlichkeit, sie wechselte nur „einige belanglose Worte mit dem Meister". – (Huch, Ricarda: Erinnerungen an das eigene Leben. Frankfurt/M./Berlin/

Wien 1982; Ullstein Taschenbuch S.312 ff und 384 ff („Schwabing")
10 Treher, W.: Hegels Geisteskrankheit oder das verborgene Gesicht der Geschichte. Emmendingen 1969; Treher S.154
11 Heiseler, B.v.: a.a.O.; S.35
12 Friedell, E.: Kulturgeschichte der Neuzeit. München 1976; Deutscher Taschenbuch Verlag, S.1022
13 Sehr wahrscheinlich starb Don Juan an einer Lungentuberkulose. Sein zierliches Alabastergrabmal wie auch das Mausoleum seiner Großeltern, des Königs Johann II. und seiner Gemahlin Isabella von Portugal, beide geschaffen von Gil de Siloé, findet man noch heute im Kloster Miraflores (bei Burgos). Cid hatte hier Frau und Töchter zurückgelassen, als er auf Gebot seines ihm zürnenden Königs Alfons von Kastilien das Land verlassen mußte; er war auch dort ursprünglich mit seiner Gemahlin Jimena begraben.
14 Pfandl, L.: Johanna die Wahnsinnige. Ihr Leben, ihre Zeit, ihre Schuld. Freiburg 1930, Herder, S.51
15 Huizinga, J.: Burgund. Tübingen o.J.; Wissenschaftliche Buchgemeinschaft, S.40. Huizingas „Herbst des Mittelalters" weist dies im Detail nach. Der Grundgedanke Huizingas ist, daß dieses späte Mittelalter im burgundisch-niederländischen Raum nicht als eine Ankündigung des Kommenden, vielmehr als das Absterben einer dahingehenden Lebensform und Kultur zu betrachten ist.
16 In Sagres hatte Heinrich der Seefahrer (geboren 1394, gestorben am 13.11.1460 in Sagres, begraben in der Kirche Santa Maria in Lagos, später in das von seinem Vater Johann I., aus dem Hause Aviz, erbaute Kloster Batalha – eigentlich Santa Maria de Vitoria zur Erinnerung an den Sieg bei Alubarrota am 14.8.1385 über die Kastilianer – überführt) im Verlaufe von vierzig Jahren dieses nautische Zentrum ersten Ranges zustande gebracht und als geborener Menschenlenker nach und nach die Entdeckung Afrikas immer weiter nach Süden vorgetrieben. Seine Fahrten und die laufenden Verbesserungen der Schiffe finanzierte er als Großmeister des Christusorden, den König Diniz I. 1318 gegründet hatte, um die in anderen Ländern, vornehmlich in Frankreich, wegen ihres Reichtums und Besitzes vernichteten Tempelritter aufzunehmen. König Diniz I. – er stiftete 1290 die erste Universität in Portugal, war König und Poet zugleich – hatte ihre Provinz nationalisiert, ihre Güter auf den Orden Christi übertragen und bereits 1319 die päpstliche Genehmigung für sein Tun erhalten. Heinrich der Seefahrer hatte nur an drei Expeditionen teilgenommen (nach Ceuta 1415, nach Tanger 1437 und nach Alcacer Cequer 1458) und war nie weiter gekommen als bis zur Küste Marokkos.

Zurückgezogen in Sagres seinen selbst gestellten Aufgaben lebend, muß er ein unwiderstehlicher Lenker von Menschen gewesen sein. Von den weißen Segeln seiner Karavellen leuchtete das rote, durchbrochene Kreuz des Christusorden. Denn neben dem Merkantilen – in ihrem kurzlebigen Weltreich besaßen die Portugiesen nur Stützpunkte an den Küsten, in unserer Zeit fiel als letzter Goa an Indien zurück – spielte zumindest zu Beginn der portugiesischen Entdeckungen der christliche Missionsgedanken eine gleichwertige Rolle. Man suchte nach dem gewaltigen und unentdeckten christlichen Reich des Priesters Johannes. Als Großmeister des Christusorden konnte Heinrich der Seefahrer unabhängig von den zeitweilig schweren portugiesischen Thronkämpfen seine Fahrten durchführen. Auf dem Sockel seines Sarkophages im Kloster Batalha sind Christuskreuz und Insignien des Hosenbandordens (seine Mutter Königin Philippa stammte aus dem Hause Lancaster) eingemeiselt, ferner sein Wahlspruch: Talant de bie fere (Was Du tust, versuche es gut zu machen). Sein anläßlich seines 500. Todestages erstelltes, recht schmales, jedoch riesiges Monument, in blendendem Weiß gehalten, steht am Flußufer des Tejo an der Espana vor dem Hieronymus-Kloster. Heinrich hält ein Modell seiner Karavelle in der Hand, hinter ihm die Schar seiner Getreuen. Wer den „Erdapfel" des Martin Behaim (geb. frühestens 1493 in Nürnberg) im Germanischen Nationalmuseum in Nürnberg betrachtet, also den ältesten erhaltenen Globus, muß sich belehren lassen, daß die Portugiesen auf diesen Tuchhändler nur deshalb aufmerksam wurden, da dieser – wahrscheinlich – von dem damals berühmten Mathematiker und Astronomen Johannes Müller (1436-1476), auf lateinisch: Regiomontanus, unterrichtet worden war. Wir wissen, daß Behaim sich etwas aufschneiderisch in Lissabon später als Schüler des Regiomontanus ausgab. Immerhin beherrschte Behaim die sogenannten Ephermiden; dies war ein Tabellenwerk, mit dessen Hilfe man aus der gemessenen Winkelhöhe der Sonne die geographische Breite ermitteln konnte. Behaim – der wahrscheinlich auf einer Geschäftsreise von Flandern um 1482 nach Lissabon gekommen war – reiste mit dem Kapitan Cao von März 1485 bis Herbst 1485 bis zum Kap Cross, etwa 80 Kilometer nördlich der Walfisch-Bai; dann fuhr man zurück, ohne den Weg nach Indien – dies war der Auftrag Königs Johann II. gewesen – entdeckt zu haben. Behaim kehrte nach dem Tod seiner Mutter 1490 nach Nürnberg zurück, wo er auf Kosten der freien Reichsstadt Nürnberg seinen Globus baute. Von König Johann II. nach der Rückkehr am 18.2.1485 zum Ritter geschlagen lebte er mit seiner portugiesischen Frau auf Fayal, einer der Azoren-Inseln. Dahin kehrte er auch von Nürnberg - er verließ die Stadt Mitte 1493 - zurück; er starb in Lissabon am 29.7.1507, sein Grab in der Dominikanerkirche in Lissabon ist seit dem 18. Jahrhundert verschollen. Isabella, Herzogin von Burgund (1397-1471) war die Schwester Heinrichs des Seefahrers. - Sie hatte sich 1457 nach einem schweren Streit mit ihrem Gemahl, dem damals schon altersveränderten Herzog Philipp dem Guten, im Palast von Brüssel in das Kloster der Grauen Schwestern zurückgezogen. Für diese Christusritter schrieb Camões (1524-1580) sein Epos „Lusidan", also die Lusiaden, in der sechzehnjährigen Verbannung - er tat Dienste als gemeiner Soldat in Indien. In Mocambique hatten den gänzlich verarmten Camões Freunde mitgenommen; er kehrte 1570 nach Lissabon zurück, sein Gedicht erscheint bereits am 12. März 1572. Er besingt die Taten der Portugiesen unter Vasco da Gama, die antike Sagenwelt dient ihm als Rahmen. Ein Pelikan, der seine Jungen füttert, ist auf dem Titelblatt abgebildet, ein oftmaliges Wappen über damaligen Hospizen. 1570 und 1580 entleerte die Pest die Straßen von Lissabon, ihr erliegt auch Camões in einem Armenspital in Lissabon; sterbend soll er gerufen haben: „Ich sterbe mit meinem Vaterland." Er hatte nichts, um sich zu bedecken, Freunde schenkten dem Toten ein Tuch, daß man ihn auf einem Pestacker verscharren konnte. Somit ist sein prunkvoller Sarkophag in der Kirche Santa Maria in Belem leer. Erst der frommbigotte und willensschwache Johann III. wandelte 1523 den Christusorden in eine Mönchsgemeinschaft um. Er entstammte der zweiten Ehe Emanuels des Glücklichen mit Maria († 1516), einer Tochter Johannas der Wahnsinnigen. Dieser Johann III nahm dann Katharina, die nachgeborene Tochter Johannas der Wahnsinnigen - ihre nina - zur Frau; von ihren neun Kindern erreichten nur zwei das heiratsfähige Alter: Maria (1529-1545) heiratete Philipp II. von Spanien; ihr Bruder und Thronfolger Johann (1537-1554) ehelichte mit sechzehn Jahren Johanna von Spanien; beide sind Kinder Karls V. und Enkel der Johanna der Wahnsinnigen. Die sechzehnjährige Maria verliert bei der Geburt des Don Carlos ihr Leben; der portugiesische Thronfolger starb schon mit sechzehn Jahren; er erlebte die Geburt seines Sohnes Sebastian nicht mehr, der „O desejado", der Ersehnte und Erwünschte vom portugiesischen Volk genannt wurde. In diesem Sebastian (1554-1578), dem Urenkel Johannas der Wahnsinnigen, findet man einen königlichen Schwärmer, krankhaft für ein Rittertum begeistert, der den Islam in Afrika unterwerfen und Jerusalem befreien wollte, der von Lagos aus nach Afrika hinübersegelte (14.6.1578), jedoch in der Schlacht von Alcáder-Quebir mit der Blüte der portugiesischen Ritterschaft umkam. Diese

Schlacht am 4. August 1578 auf der verbrannten Ebene von Alcáder-Quebir in Marokko der 18000 Mann starken portugiesischen Truppen - mehr ein Haufen, sogar Kinder waren dabei - gegen das vorzüglich gerüstete Heer des maurischen Sultans dauerte nur eine Viertelstunde. Philipp II. von Spanien hatte vergeblich in zwei Unterredungen versucht, seinen Neffen Sebastian von diesem afrikanischen Abenteuer zurückzuhalten. Nach dem Tod des kinderlos verstorbenen Kardinal-Königs Heinrich (gest. am 15.2.1580) konnte sich Philipp als legitimer Erbe mit leichter Waffengewalt das fast ausgeblutete Portugal einverleiben. - Die Feinde Spaniens stürzten sich daraufhin auf die portugiesischen Kolonien, Holland z.B. setzte sich auf den großen Inseln in Hinterindien fest, England fing an, Indien zu durchdringen. Portugal blieb spanisch bis 1640.- Johann IV. („o Rei Restaurado") aus dem Haus Braganca erkämpfte ihm die Unabhängigkeit von Spanien.

17 Pfandl, L.: a.a.O., S.53
18 Es macht jeden Besucher der Kathedrale von Granada, der sich etwas in der iberischen Geschichte auskennt, nachdenklich, daß der kleine Bleisarg dieses Prinzen Miguel, also des Enkels der katholischen Könige, in der Krypta der königlichen Kapelle, somit unter den Mausoleen von Isabella von Kastilien und Ferdinand von Aragonien, zwischen den Bleisärgen seiner königlichen Großeltern steht!
19 Pfandl, L.: a.a.O., S.59
20 Pfandl, L.: a.a.O., S.60
21 Pfandl, L.: a.a.O., S.61
22 Pfandl, L.: a.a.O., S.63
23 Pfandl, L.: a.a.O., S.76
24 Pfandl, L.: a.a.O., S.94
25 Bird schreibt auch über die „Geisteskrankheit Carls VI., Königs von Frankreich, in den Jahren 1392 bis 1422", verfaßte ferner eine „Geschichte des abnormen geistigen Zustandes Carls IX., Königs von Frankreich, besonders nach der Bartholomäusnacht 1572". In: Allg. Ztschr. f. Psychiatr. 5, S.569-579; 6., S.12-24. Eine Kurzbiographie Birds findet sich in: Deutsche Irrenärzte. Berlin; 1920 Springer, S.135-137
26 Bird, F. L. H.: Seelenstörung Johannas, a.a.O., S.151
27 Pfandl, L.: a.a.O., S.78
28 Höfler, K. v.: Donna Juana - Denkschriften der Kaiserlichen Akademie der Wissenschaften. Philosophisch-Historische Klasse. Wien 1885; in Commission bei Carl Gerolds Sohn, S.354
29 Bird, F.: Seelenstörung Johannas, a.a.O., S.155
30 In Tordesillas unterschrieben Spanien und Portugal 1494 den Vertrag, wobei man die Demarkationslinie zwischen beiden

Ländern entsprechend der Weisung des Papstes Alexanders VI. etwa auf dem 55. Grad westlicher Länge festlegte, sodaß Brasilien an Portugal fiel, jedoch das übrige Amerika an Spanien. Im Vertrag von Zaragoza legte man die entsprechende Linie auf dem 143. Grad östlicher Länge fest. - Falsch ist, wenn man daher von Karl V. sagt, in seinem Reich ging die Sonne nicht unter - dies zu sagen, war erst seinem Sohn Philipp II. möglich, als er sich nach dem Aussterben des portugiesischen Königshauses - auch hier spielt das oftmalige Verwandtschaftsheiraten der beiden Königshäuser eine ungünstige Rolle - durch einen leichten Sieg über die portugiesischen Truppen Portugal einverleibte. Sein Rechtsanspruch gründete sich darauf, daß Philipp II. seine erste Ehe am 15. November 1543 mit Maria, der Tochter des portugiesischen Königs Johann III., schloß, eine ganz enge Heirat von Blutsverwandten: Denn die Mutter der Braut war Katharina, die letzte Tochter Johannas der Wahnsinnigen, und Katharinas Bruder war Karl V., der Vater des Bräutigams Philipp. Karls V. Frau war Isabella (1503-1539), die Tochter des portugiesischen Königs Emanuel I. und seiner Frau Maria; und diese Maria war eine Schwester Johannas von Kastilien („die Wahnsinnige").

31 Bird, F.: a.a.O., S.156
32 Janzarik, W.: Psychopathologie als Grundlagenwissenschaft, Stuttgart 1979; Enke, S.57
33 Snell, L.: Über Monomanie als primäre Form der Seelenstörung. Allg. Z. f. Psychiat. 22, S.368-381(1865). Die Kurzbiographie über Snell (1817-1882) in: Deutsche Irrenärzte. Hg.: Kirchhoff, Th., Berlin; Springer, S.268-273 (1. Band).
34 Pfandl, L.: a.a.O., S.77
35 Höfler, v. C. R.: a.a.O., S.361
36 Philipp der Gute, Herzog von Burgund, stiftete 1429 den Orden des Goldenen Vlieses, so benannt nach dem Fell des goldenen Widders, das die Argonauten sich erobert hatten. Er war der höchste Orden; Karl der Kühne als Großmeister wird fast immer mit diesem um den Hals getragenen, an einer goldenen Kette befestigten Ordensschmuck dargestellt. Durch Maria von Burgund ging der Orden vom Goldenen Vlies an Habsburg über; Maria Theresia hat z.B. die Großmeisterwürde ihrem Gemahl Franz I. von Lothringen verliehen. In Österreich wurde der Orden nur höchsten Personen und Katholiken verliehen. In Spanien hingegen, dort war der Orden einfacher gehalten, verlieh man ihn auch an Evangelische wie Wilhelm II. von Deutschland und Nichtchristen wie Sultan Abdul Hamid.
37 Höfler, K.v.: a.a.O., S.371

38 Leibbrand, W. und Wettley A.: Geschichte des Wahnsinns. Freiburg/München 1961; Alber, S.221ff
39 Goldammer, K.: Paracelsus, Sozialethische und sozialpolitische Schriften. In der Schriftenreihe: Civitas gentium. Hg.: Max Graf zu Solms. Tübingen 1952; J. C. B. Mohr – Das Manuskript lag schon 1946/47 vor.
40 Haisch, E.: Irrenpflege in alter Zeit. Ciba Heft Nr.93, S.3144 (Wehr/Baden 1959).
41 Ackerknecht, E.: Kurze Geschichte der Psychiatrie. Stuttgart 1957; Enke, S.18
42 Unterkircher, F.: Burgundisches Brevier. Graz 1974; Akademische Druck- und Verlagsanstalt, S.31
43 Bei Bird: Fornellis. – Bei Pfandl: Areos, S.80
44 Prawdin, M.: Donna Juana. Düsseldorf 1953; Diederichs
45 Pfandl, L.: a.a.O., S.89
46 Brandi, K.: Kaiser Karl V. Darmstadt 1959; Wissenschaftliche Buchgesellschaft, S.67
47 Brandi, K.: a.a.O., S.354
48 Prawdin, M.: a.a.O., S.242
49 Zitiert nach: Peters, U. H.: Wörterbuch der Psychiatrie und medizinischen Psychologie. München/Wien/Baltimore 1977; Urban & Schwarzenberg, S.559
50 Wasianski, E. A. Ch.: Immanuel Kant in seinen letzten Lebensjahren. Königsberg/Pr. 1941; Gräfe und Unzer, S.ll. Der Theologe Wasianski schildert vorzüglich die senile Demenz Kants, die zu seinem geistigen und zuletzt auch körperlichen Verfall führte.
51 Schleich, C. L.: Besonnte Vergangenheit. Berlin 1936; Rowohlt, S.285
52 Pfandl, L.: a.a.O., S.112
53 Dieser Versuch eines Exorzismus muß Bird unbekannt geblieben sein, da er schreibt: in bezug auf die Behandlung der Kranken (eben Johannas – der Referent) sei es merkwürdig, daß von „abergläubischen Kuren z.B. Exorzismus usw. nichts gemeldet" werde (Bird, F.: a.a.O., S.161); denn die Personen, welche für die Kranken „gut und nicht gut" hatten sorgen müssen, seien alle offenbar zu gescheit für diesen „Unsinn" gewesen.
54 Pfandl, L.: a.a.O., S.89
55 Pfandl, L.: a.a.O., S.114
56 Höfler, v. C. R.: a.a.O., S.397
57 Prawdin, M.: a.a.O., S.184
58 Prawdin, M.: a.a.O., S.237
59 Prawdin, M.: a.a.O., S.239
60 Prawdin, M.: a.a.O., S.239
61 Brandi, K.: a.a.O., S.36

62 Reinhold Schneider weilte ab 15. August 1928 in Portugal, besuchte im Oktober und November des gleichen Jahres Spanien und kehrte am 18.2.1929 zurück. Das Arbeitszimmer Philipps II. und die Sterbekammer direkt am Altar überwältigten ihn, „langsam, unwiderstehlich". Von diesem ersten Aufenthalt gibt es ein Photo, das den schlanken, jedoch untergewichtigen R. Schneider vor dem Escorial zeigt. - Der zweite Aufenthalt auf der iberischen Halbinsel dauerte von Mai bis Ende September 1930. - R. Schneider hatte von 1922 bis Ende Juni 1928 in Dresden als kaufmännischer Angestellter gearbeitet und mußte auch die Korrespondenz mit südamerikanischen Kunden führen; er beherrschte somit - neben Französisch und Englisch - auch Spanisch und Portugiesisch. Die Werke des Miguel de Unamuno las er im Urtext, was er diesem in einem Brief aus Dresden am 12. Dezember 1926 mitteilte. - Als Historiker hat sich allerdings R. Schneider nicht betrachtet, betonte jedoch, es sei Aufgabe eines Schriftstellers, eine vergangene Zeit von innen zu erfassen. In seinem „Camoes" wollte er einer tragischen Lebenshaltung einen künstlerischen Ausdruck verleihen, wie er am 23. Mai 1930 aus Madrid an seine Lebensbegleiterin Anna Maria Baumgarten schrieb. - Zuletzt, also über zwei Jahrzehnte nach der Niederschrift seiner Bücher über Portugal und Spanien, besuchte R. Schneider im Januar und Februar 1956 Spanien; das Photo vor dem Escorial weist ihn aus als vorzeitig gealterten, leicht gebeugten Mann, der des Stockes als Stütze bedurfte.
63 Schneider R.: Autobiographische Skizze. In: R. Schneider, Leben und Werk in Dokumenten. Karlsruhe 1973; Badenia Verlag, S.36
64 Schneider, R.: Iberisches Erbe. Olten 1949; Hegner Bücherei, S.183
65 Domke, H.: Spaniens Norden. München 1973; Prestel, S.208, S.218-222
66 Domke, H.: a.a.O., S.219
67 Zitiert nach: Zerbin-Rüdin, E.: Psychiatrie der Gegenwart, Bd.I/2. Berlin/ Heidelberg/New York 1982; Springer, S.553
68 Prawdin, M.: a.a.O., S.234
69 Schipperges, H.: Moderne Medizin im Spiegel der Geschichte. Stuttgart 1970; Thieme, S.121
70 Schipperges, H.: a.a.O., S.176 ff. - siehe auch: Meyer-Steineg, Th. und Sudhoff K.: Illustrierte Geschichte der Medizin. Fischer-Verlag, Stuttgart 1965; S.106 ff. - Sigerist, Henry E.: Große Ärzte. Lehmann-Verlag, München 1954; S.60 ff. - Leibbrand, Werner und Leibbrand-Wettley Annemane, Kompendium der Medizingeschichte. Banaschewski Verlag, München 1977, S.67 ff - Said, Hakum Mohammed: Zuviel Erfolg

für Avicenna? Essay in: Med. Welt, Bd. 32, Heft 39, 1981, S.63 ff.
71 Schipperges, H.: a.a.O., S.180
72 Haisch, E.: a.a.O., S.3142
73 Merenciano, F. M.: zitiert nach: Dieckhöfer, K.: Spanien - Wiege der Psychiatrie? Nervenarzt 46, S.665-668 (1975)
74 Jetter, D.: Grundzüge der Geschichte des Irrenhauses. - Darmstadt 1981; Wissenschaftliche Buchgemeinschaft, S.180
75 Schopen, E.: Geschichte des Judentums im Abendland. Bern/München 1961; Franeke, S.34
76 Die von Süden vorsichtig vorrückenden Mauren schlugen am 19. Juli 711 am Flüßchen Barbate, südlich von Medina Sidonia, vernichtend die Westgoten unter ihrem König Roderich. Dieser hatte 709 nach dem Tod des Königs Witiza dessen Söhne beiseite geschoben und sich des Thrones bemächtigt. Schon unmittelbar nach Eröffnung der Schlacht fiel die Entscheidung, da der in der Mitte kämpfende König von seinen Flügeln, die er zwei Angehörigen der Witiza-Familien anvertraut hatte, in Stich gelassen worden war. Auf Seite der Mauren kämpften - wahrscheinlich - auch Anhänger der Familie Witiza (Dieterich, Anton: Spanien zwischen Cordoba, Cadiz und Valencia. Kohlhammer Verlag, Stuttgart 1965, S.55) - Entscheidende Schützenhilfe für die Mauren hatte schon vorher der byzantinische Statthalter von Ceuta (Nordafrika) gegeben, der christliche Graf Julian: man sagt von ihm, er sei Inspirator, Helfer und Rückendeckung für die Mauren gewesen.
77 Dieterich, A.: Spanien zwischen Cordoba, Cadiz und Valencia. Stuttgart 1965; Kohlhammer, S.57
78 Leibbrand, W. und Leibbrand - Wettley, A.: Kompendium der Medizingeschichte. München 1967; Banaschewski, S.68
79 Der ihm zugeschriebene Arzteid sollte vor einiger Zeit den hippokratischen Eid ablösen („Tägliches Gebet eines Arztes, bevor er seine Kranken besucht"), jedoch stammt dieses Arztgebot wahrscheinlich von dem am jüdischen Krankenhaus in Berlin wirkenden Marcus Herz (1747-1803), einem Schüler Kants und einem Freund des jüdischen, in Berlin wirkenden Philosophen Moses Mendelssohn, dem Großvater des bekannten Komponisten (nach: Schadewaldt, Hans. In: Medizin heute. 187/71, S.23).
80 Nigg, W.: Große Heilige. Zürich/München 1974; Artemis, S.229
81 Castro, A.: Spanien, Vision und Wirklichkeit. Köln/Berlin 1957; Kiepenheuer u. Witsch, S.606 ff
82 Castro, A.: a.a.O., S.606
83 Castro, A.: a.a.O., S.118

84 Näff, W.: Die Epochen der neueren Geschichte. Aarau 1945; Sauerländer, Bd. 1, S.40
85 Schipperges, H.: a.a.O., S.177
86 Schreiner, H.P., Becker, K. und Freund, W. S.: Der Imam. St. Michael 1982; Bläschke
87 Pfandl, L.: a.a.O., S.88
88 Pfandl, L.: a.a.O., S.91
89 Gerteis, W.: Das unbekannte Frankfurt. Frankfurt/M. 1961; Frankfurter Bücher, S.164
90 Dony, P.: Reisen in Portugal. München/Zürich 1965; Schnell und Steiner, S.23 und 66 ff – Auch in: Chantal, Suzanne: Le Portugal. Paris 1961; Hachette, Livermore, H. V.; A history of Portugal. Cambridge 1947.
91 Treue, Wilhelm: Mit den Augen ihrer Ärzte. Düsseldorf 1955; Droste, S.318ff.
92 Pfandl, L.: a.a.O., S. VIII im Vorwort.
93 Pfandl, L.: a.a.O., S.95
94 Pfandl, L.: a.a.O., S.121
95 Pfandl, L.: a.a.O., S.72
96 Pfandl, L.: a.a.O., S.62
97 Pfandl, L.: a.a.O., S.148
98 Pfandl, L.: a.a.O., S.165
99 Pfandl, L.: a.a.O., S.98
100 Pfandl, L.: a.a.O., S.51
101 Pfandl, L.: a.a.O., S.62
102 Pfandl, L.: a.a.O., S.63
103 Höfler K. v.: hier zitiert nach: Spoerri; a.a.O., S. 62 und 90
104 Der Darstellung v. Höflers kann man umso unbesorgter folgen, als er allem Anschein nach im deutschsprachigen Schrifttum der erste Biograph Johannas der Wahnsinnigen war, der auch darlegte, daß von einem Zuge Johannas durch Spanien mit der Leiche ihres Mannes keine Rede sein könne, wie man sich „die Sache bisher" vorgestellt habe (v. Höfler, a.a.O., S.354). Hier stimmt Pfandl fast wörtlich mit v. Höfler überein. Höfler, Konstantin, Ritter v. (österr. Ritterstand 1873), geb. am 26.3. 1811 in Memmingen, gestorben am 29.12.1897 in Prag, war bereits 1841 Professor für Geschichte an der Universität in München. Durch den Eos- und Goerreskreis fand er seinen weltanschaulichen Standpunkt als christlicher Historiker. Er wurde 1851 zum Professor an die Universität in Prag berufen. Der unter seiner Initiative 1862 gegründete Verein für Geschichte der Deutschen in Böhmen gab den Deutschböhmen das Rüstzeug für den Kampf um ihre Belange gegen das zunehmend chauvinistischer sich gebende Tschechentum unter Führung des Historikers und Politikers Frantisek Palacky (1798-1876). – 1871 wurde v. HöHer zum Rektor der Univer-

sität gewählt und nahm 1872 als solcher bei der Eröffnung der Deutschen Universität in Straßburg teil. 1872 kam er als Mitglied in das Wiener Herrenhaus. Nach 1882 lebte er als Eremitus ganz seinen wissenschaftlichen Studien. Er gilt als der bedeutendste deutsche Historiker des 19. Jahrhunderts in Prag und als der eigentliche Begründer der deutschen Geschichtswissenschaft in Böhmen (Hemmerle, Josef in: Neue Deutsche Biographie. Hrsg. von der Historischen Kommission bei der Bayerischen Akademie der Wissenschaften. Bd. 9: Hess/Hüttig/Berlin 1972; Duncker & Humbolt, S.313)

105 Höfler, K. v.: a.a.O., S.305
106 Höfler, K. v.: a.a.O., S.308
107 Höfler, K. v.: a.a.O., S.309
108 Höfler, K. v.: a.a.O., S.328
109 Höfler, K. v.: a.a.O., S.327
110 Höfler, K. v.: a.a.O., S.239
111 Höfler, K. v.: a.a.O., S.339
112 Höfler, K. v.: a.a.O., S.341
113 Höfler, K. v.: a.a.O., S.344
114 Höfler, K. v.: a.a.O., S.346
115 Höfler, K. v.: a.a.O., S.347
116 Höfler, K. v.: a.a.O., S.348
117 Höfler, K. v.: a.a.O., S.361
118 Vor Einführung der Heilkrampf- und Insulinbehandlung mußte man noch in den dreißiger Jahren des zwanzigsten Jahrhunderts oft Wochen hindurch solche abstinierende Geisteskranke füttern, um sie vor dem Verhungern zu bewahren – auch wenn der Mensch bis zu vierzig Tage hungern, aber nur wenige Tage ohne Wasser leben kann. In der heutigen Zeit der Psychopharmaka klingt dies vielen Ohren junger Psychiater wie ein altes, abgestandenes Märchen; sie sind unbelastet von Gedanken, welch ein schweres Leben diese früheren Anstaltspsychiater oft geführt haben.
119 Höfler, K.v.: a.a.O., S.370

Glossar

Ätiologie	Lehre von den Krankheitsursachen
ätiologisch	die Krankheitsursachen betreffend
affektiv	gefühls-affektbetont, auf einen Affekt bezogen; durch heftige Gefühlsäußerungen gekennzeichnet
Akribie	Genauigkeit, Sorgfalt
Amnesie	Erinnerungslücke, Gedächtnisschwund
Analyse	Zerlegung, Untersuchung. Ermittlung der bestimmenden Einzelfaktoren eines komplexen Erscheinungsbildes, z.B. in der Psychoanalyse
blander Verlauf	mild, ruhig verlaufend, nicht infektiös
Blastophthorie	Keimschädigung. Schädigung der Keimzellen durch Giftstoffe, die dem Organismus von außen zugeführt werden, z.B. durch zuviel Alkoholgenuß
Bronchiektasie	chronische Erweiterung der Luftröhrenäste
Conquistador	Eroberer
Differentialdiagnose	Unterscheidung und Abgrenzung einander ähnlicher Krankheitsbilder

Dilatation	Erweiterung eines Hohlorganes
Dioptrie	Einheit der Brechkraft von Linsen
Elaborat	das Ausgearbeitete, die Arbeit
Embryopathie	Vorgeburtliche Erkrankung bzw. Schädigung mit der Folge einer intrauterinen Entwicklungsstörung des Kindes während der ersten drei Schwangerschaftsmonate, d.h. während der Organentwicklung
Emeritus	der in den Ruhestand getretene und von seinen amtlichen Verpflichtungen entbundene Hochschullehrer
epileptisch	die Symptome der Epilepsie zeigend
Exploration	Befragung zur Erhebung der Vorgeschichte eines Patienten
Fetopathie	Schädigung der Leibesfrucht nach Abschluß der Organentwickung (vom Ende des vierten Monats an)
Fiktion	Erdichtung, Lüge
florid	voll ausgeprägt, stark entwickelt und rasch fortschreitend, z.B. von einem Krankheitsbild
forensisch	gerichtlich
Gastritis	Magenschleimhautentzündung, »Magenkatarrh«

Halluzination	Sinnenstäuschung. Kommt ohne Reizung der Sinnesorgane von außen zustande, z.B. akustische Halluzination = Trugwahrnehmung des Gehörs
Hebephrenie	Jugendirresein. – Schleichender Beginn im Pubertätsalter oder bald danach. Sammelbezeichnung für verschiedene, während oder nach der Pubertät auftretende Geiststörungen
Hispandologe	Kenner und Vertreter der spanischen und portugiesischen Kultur, Sprache und Geschichte
Hyperämie	Blutfülle, vermehrte Blutansammlung in Organen oder begrenzten Körperbezirken
Hypertrophie	übermäßige Zunahme von Geweben oder Organen infolge Vergrößerung (nicht: Vermehrung) der einzelnen Zellen, meist bei erhöhter Beanspruchung, z.B. der Muskulatur durch sportliche Betätigung
Hypothese	seit Platon Voraussetzung des Erkennens. – Besonders in der Naturwissenschaft zur Erklärung bestimmter Tatsachen eingeführte Annahme, aus der sich dann auch andere neue Tatsachen ergeben. – So erlaubte die Atomhypothese durch das ganze 19. Jh. schon eine

	Ordnung der chemischen Erscheinungen, ehe es nach 1900 gelang, die Existenz der Atome nachzuweisen
Indikation	Heilanzeige. – Umstand oder Anzeichen, aus dem die Anwendung bestimmter Heilmittel oder Behandlungsmethoden angezeigt erscheint
Manie	abnorm heiterer und/oder erregter Gemütszustand, gekennzeichnet durch Enthemmung, Überschätzung und Triebsteigerung
Masturbation	Selbstbefriedigung (= Onanie)
Melancholie	Schwermut, Trübsinn, Niedergeschlagenheit ohne objektive Ursache, verbunden mit Antriebsarmut, Willens- und Denkhemmung; gelegentlich mit Wahnideen
Myocarditis	Entzündung des Herzmuskels
Myopie	Kurzsichtigkeit
Nekrophilie	abartiges, auf Leichen gerichtetes sexuelles Triebverlangen. – Sexuelle Leichenschändung
Neurose	seelisch bedingte Fehlverarbeitung von Erlittenem und Erlebtem

Nymphomanie	»Mannstollheit« – krankhaft gesteigerter Geschlechtstrieb bei Frauen
Onanie	geschlechtliche Selbstbefriedigung durch manuelle Reizung der Geschlechtsorgane
Panerotik	Auffassung der Allgegenwärtigkeit und Wirkung erotischer Faktoren
Paraphrenie	Wahnkrankheit als Form der Schizophrenie, bei der die übrige Persönlichkeit weitgehend erhalten ist. Der Wahn wird klar, oft systematisiert vorgetragen
Pathologie	Lehre von den Krankheiten, insbesondere ihrer Entstehung und den durch sie hervorgerufenen organisch-anatomischen Veränderungen
Paranoia	Geistesstörung mit »systematisiertem Wahn«. Seltene Erkrankungsform, heute nur noch von wenigen Autoren anerkannt. Kraepelin beschränkt sie auf Fälle, bei denen sich aus inneren Ursachen schleichend ein nicht zu beeinflussendes, unkorrigierbares und dauerndes Wahnsystem entwickelt, das mit vollkommener Erhaltung der sonstigen Persönlichkeit einhergeht

Perversion	krankhafte Abweichung des Geschlechtstriebs
Pleuritis exsudativa	feuchte Rippenfellentzündung: meist eine tuberkulöse Pleuritis mit Ausbildung eines Exsudates (= eiweißhaltige Flüssigkeit, aus den Gefäßen ausgetreten) im Pleuraraum (Pleura = Brustfell, die seröse Haut, welche die inneren Wände des Brustkorbes auskleidet)
Psychose	Seelenstörung, Geisteskrankheit, die innerhalb eines Lebens abgrenzbar ist
psychotisch	an einer Psychose leidend
Psychopath	in besonderer Weise von der Norm abweichender Mensch mit nur wenig rückbildungsfähigen Erscheinungen des Gefühls- und Gemütslebens, die in einem Leben sich entwickelt haben. Der treffsichere Begriff, durch Mißbrauch und vielfache Angriffe, vorallem von Psychoanalytikern, ins Abseits gedrängt, wird heute meist ersetzt durch: abnormer Mensch
Psychopharmaka	Arzneimittel, welche auf die Psyche wirken. Im engeren Sinne Neuro-Psychopharmaka, welche die seelischen Funktionen, z.B.

	die Stimmung oder krankhafte seelische Störungen beeinflussen
Psychiatrie	Wissenschaft von den Seelenstörungen und Geisteskrankheiten, ihren Ursachen, Erscheinungen, Verlaufsformen, ihrer Behandlung und Verhütung
rezidivierend	wieder auftretend
Remission	Wiederherstellung, Rückgang und Rückbildung von Krankheitserscheinungen
Residualzustand	Dauerfolge einer Krankheit, vor allem einer schizophrenen Psychose
Satyriasis	krankhaft gesteigerter männlicher Geschlechtstrieb
Schizophrenie	Spaltungsirresein. Gruppe von – vor allem, aber nicht nur! – erblichen Geisteskrankheiten, die oft im jüngeren Lebensalter beginnen, mit Denkzerfall, Wahnideen, Sinnestäuschungen und absonderlichem Verhalten. Die Krankheit ist oft progredient-chronisch, doch ist die Prognose besser als man früher annahm
subaltern	untergeordnet, abhängig
Symptom	Krankheitszeichen. Für eine bestimmte Krankheit charakteristische Veränderung

Syndrom	Symptomenkomplex. Krankheitsbild mit mehreren charakteristischen Symptomen
toxisch	auf einer Vergiftung beruhend
Valium	Beruhigungs- und Dämpfungsmittel mit großer Anwendungsbreite. Weltweit benutzt, da gute Verträglichkeit. Geschütztes Warenzeichen der Hoffmann-LaRoche in Grenzach-Wyhlen bzw. Basel (Schweiz)
Wochenbettpsychose	im Wochenbett auftretende seelisch-geistige Störung (= Pueperalpsychose)

MIX
Papier aus verantwortungsvollen Quellen
Paper from responsible sources
FSC® C105338

Printed by Libri Plureos GmbH
in Hamburg, Germany